Wittig-Koppe/Bremer/Hansen (Hg.)

Teilhabe in Zeiten verschärfter Ausgrenzung?

Paranus Verlag

Holger Wittig-Koppe,
Fritz Bremer,
Hartwig Hansen (Hg.)

Teilhabe in Zeiten verschärfter Ausgrenzung?

Kritische Beiträge zur Inklusionsdebatte

Der PARANUS-Verlag ist integrierter Bestandteil
der gemeinnützigen »Brücke Neumünster gGmbH«.
An Redaktion, Herstellung, Werbung und Vertrieb unserer Bücher und
Zeitschriften sind alle Betriebsangehörigen – Lektoren, die Teilnehmerinnen
und Teilnehmer der Einrichtung, Setzerinnen, Drucker und Betreuende –
gemeinschaftlich beteiligt.
Wir danken herzlich allen Menschen und Institutionen, die im Förderkreis
PARANUS-Verlag unsere Arbeit unterstützen.
Ein besonderer Dank gilt dem Paritätischen Schleswig-Holstein
sowie Dr. Michael Schiebel für die finanzielle Unterstützung
bei der Herstellung dieses Buches.

Bibliografische Information Der Deutschen Nationalbibliothek
Die Deutsche Nationalbibliothek verzeichnet diese Publikation
in der Deutschen Nationalbibliografie; detaillierte bibliografische Daten
sind im Internet über http://dnb.d-nb.de abrufbar.

© 2010 Paranus Verlag der Brücke Neumünster gGmbH
Postfach 1264, 24502 Neumünster
Telefon (04321) 2004-500, Telefax (04321) 2004-411
www.paranus.de

Umschlaggestaltung: druckwerk der Brücke Neumünster gGmbH
unter Verwendung eines Bildmotivs von Günter Neupel, München
Druck und Bindung: druckwerk der Brücke Neumünster gGmbH

ISBN 978-3-940636-10-2

Inhalt

Inklusion kommt.

So wollten wir das Vorwort für dieses Buch beginnen lassen – vor drei Monaten. Spätestens seit der Ratifizierung der UN-Konvention für die Rechte behinderter Menschen gehören die Grundsätze einer inklusiven Teilhabe behinderter Menschen zum state of the art einer zeitgemäßen Politik für Menschen mit Behinderung. Das wollten wir gerne glauben – bei aller Skepsis, ob die Verantwortlichen in Politik und Verwaltung dies selbstverständliche Paradigma wirklich umsetzen wollen und ob die ökonomische Krisensituation dieses überhaupt erlaubt.

Jetzt, knapp drei Monate später, müssen wir feststellen, unsere Skepsis, ob Inklusion vom politischen System wirklich gewollt wird, ist deutlich größer geworden:

– Der Bundesaußenminister betätigt sich als sozialer Brandstifter, um die Umfragewerte seiner Partei zu retten, und diffamiert viele Millionen Menschen, die unser Wirtschaftssystem ausgegrenzt hat.

– In Schleswig-Holstein gibt es Absichtserklärungen sowohl vonseiten der Kommunen, als auch vom Vorsitzenden der CDU-Fraktion, bei den 500 Millionen Euro, die derzeit jährlich für die Teilhabe behinderter Menschen ausgegeben werden, 100 Millionen Euro einzusparen.

– Immer wieder ist aus Kreisen der »Koordinierungsstelle soziale Hilfen« der schleswig-holsteinischen Kreise, aber auch von den sozialpolitischen Experten der FDP-Fraktion, zu hören, Wahlfreiheit und Vielfalt des Angebots seien zwar schön und gut, aber leisten könne man sie sich nicht mehr. Große Einrichtungen seien eben wirtschaftlicher.

– Bei dem verzweifelten Versuch den Landeshaushalt zu sanieren, geraten immer wieder die Zuwendungen in den Fokus, die der Aufrechterhaltung einer sozialen Infrastruktur dienen: Schuldnerberatungsstellen, Begegnungsstätten, Betreuungsvereine, Kindertagesstätten, Familienbildungsstätten und so weiter. Übrigens alles Angebote, bei denen bürgerschaftliches Engagement in erheblichem Umfang unmittelbar in die Arbeit eingebunden ist.

Diese Liste alarmierender aktueller Entwicklungen ließe sich fortsetzen. Deutlich wird, dass Werte wie Solidarität, Gastfreundschaft, Teilhabe, Bürgerengagement, Selbstbestimmung in der derzeitigen Wirklichkeit unserer Gesellschaft nicht selbstverständlich sind. Aber genau diese Werte müssen gestärkt werden, wenn Inklusion für Menschen mit Behinderung möglich sein soll.

Trotzdem halten wir daran fest: Inklusion kommt, wenn genügend Menschen sie wollen. Aber auch die Sorge der an diesem Buch Beteiligten bleibt: Was kommt dabei raus, wenn nur Politik und Verwaltung definieren, was sie unter Inklusion verstehen?

Zurzeit besteht durchaus die Gefahr, dass das Paradigma Inklusion missbraucht wird, um Teilhabeleistungen für Menschen mit Behinderung zu reduzieren und um so die Kosten des Sozialstaates zu senken. Es passt ja durchaus in den neoliberalen Zeitgeist (von dem vielleicht mittlerweile nur noch ein Gespenst übrig geblieben ist), der Gemeinschaft die Verantwortung für »ihre« Menschen mit Behinderung zurückzugeben und die Teilhabeleistungen möglichst weitgehend dem Bürgerengagement zu überlassen.

Es ist notwendig, den derzeitigen Zustand unserer Gesellschaft unter der Fragestellung zu untersuchen, ob er Inklusion behindert oder befördert. Inklusion, die ja nicht mehr und nicht weniger bedeutet, als dass Menschen in ihrem Anderssein ihren gleichberechtigten Raum in der Gesellschaft finden, stellt die Frage nach der Art und Weise, wie wir in dieser Gesellschaft leben wollen. Eine Frage, die angesichts von Finanz-, Wirtschafts- und diverser anderer Krisen vielleicht den Tatsachen unseres Lebens viel näher ist als alle neoliberalen Antworten. Deutlich wird jedenfalls, dass Inklusion sich nicht umsetzen lässt mit einer Sozialpolitik, die sich nur als Armuts- und Nachteilsverhinderungspolitik versteht. Der

Streit darüber, wie Inklusion sich entwickeln lässt, macht einmal mehr deutlich, dass Sozialpolitik, die sich nicht als Gesellschaftspolitik versteht, zu kurz greift. In der Inklusionsdebatte geht es um den qualitativen Wandel des Miteinanders und nicht um die quantitative Veränderung der finanziellen Transfers.

Was kommt dabei raus, wenn das Paradigma Inklusion in der Politik für Menschen mit Behinderung Raum greift – der kurze Sprung in die Sparfalle der Finanzpolitik oder der große Sprung zu den gesellschaftspolitischen Fragen, wie wollen wir das Miteinander in dieser Gesellschaft künftig gestalten? – genau diese Diskussion treibt die Herausgeber, die Autorinnen und Autoren dieses Buches um. Alle sind überzeugte Verfechter des inklusiven Grundgedankens: Menschen mit Behinderung sind gleichberechtigte und selbstbestimmte Bürger dieses Landes. Aber alle sind auch erfahren genug, um zu wissen, dass mit Begriffen regelhaft unterschiedliche Interessen verbunden sind und mit wohlklingenden Worten auch Missstände kaschiert werden können.

In diesem Sinne ist dieses Buch kein Beitrag zur Kritik des Paradigmas Inklusion, sondern ein Beitrag zur Kritik des Missbrauchs des Paradigmas für unlautere Zwecke.

Dass Inklusion den Bezug auf ethische Werte und Orientierungen braucht, macht *Andreas Lob-Hüdepohl* in seinem Beitrag deutlich. Die Menschenrechtsorientierung der UN-Konvention geht aus seiner Sicht über die Akzeptanz der Unterschiedlichkeit von Menschen mit Behinderungen hinaus. Sie verlangt die Bereitschaft, das, was behinderte Menschen zur Vielfalt und Lebendigkeit einer Gesellschaft beitragen, wertzuschätzen.

Auf die UN-Konvention bezieht sich ebenfalls *Michael Wunder*. An ihr verdeutlicht er die Unterschiede der Paradigmen Integration und Inklusion. Auch er weist auf die Notwendigkeit hin, Inklusion ethisch zu fundieren. Mit der Care Ethik hat er ein ethisches Konzept gefunden, das die Achtsamkeit als notwendiges Korrektiv zur alleinigen Betonung der Selbstbestimmung einführt. Mit Hilfe der Care Ethik gelingt es ihm, die Assistentenrolle der Professionellen zu reflektieren.

In seinen zehn Thesen macht *Klaus von Lüpke* spürbar, wie die
Kultur einer Gesellschaft sich ändert, wenn es gelingt, Inklusion –
als Wiedererlangung des Sozialen – zu verwirklichen.

Georg Theunissen warnt davor, bei aller Begeisterung für das
Konzept Inklusion nicht die Wirklichkeit aus den Augen zu verlieren. An fünf Schlüsselproblemen zeigt er auf, wie wichtig es ist,
Inklusion in der Praxis kritisch zu reflektieren, damit sie nicht zu
einer Leerformel wird.

Dass der Diskurs zur Inklusion eng verbunden ist mit dem
Diskurs über Bürgergesellschaft und bürgerschaftliches Engage-
ment stellt *Holger Wittig-Koppe* heraus. Inklusion braucht die
Auseinandersetzung darüber, wie wir miteinander leben wollen.
Aber ebenso wie Inklusion ist bürgerschaftliches Engagement
bedroht, neoliberal als staatliches Sparkonzept missbraucht zu
werden. Er setzt dagegen, Inklusion zu einer Strategie sozialer
Arbeit zu machen, die Bürgergesellschaft bewusst als streitbaren
Gegenentwurf zu neoliberalen Konzepten aufnimmt.

Auch *Ingmar Steinhart* ist sich der Gefahr bewusst, dass Inklusion eine vergängliche Worthülse bleiben kann. Er beschreibt die
Herausforderungen, denen sich sowohl die Leistungsträger als
auch die Leistungsanbieter stellen müssen, ebenso wie die kommunale Politik und die Verbände der freien Wohlfahrtspflege.

Während Steinhart pragmatisch Vorschläge zur Umsetzung des
Inklusionsparadigmas macht, verweisen *Jürgen Schiedeck* und
Martin Stahlmann auf die neoliberalen Inklusionsfallen. Wenn
Inklusion nur die Anerkennung der individuellen Verschiedenheit
einfordert, öffnet sie sich unreflektiert einem Denken, das Indivi-
dualisierung verbindet mit Deregulierung und dem freien Spiel des
Marktes.

Den Blick auf den europäischen Diskurs zur Inklusion öffnen
Birgit Görres und *Christian Zechert* in ihrem Beitrag. Sie berich-
ten über einige Projekte in Nachbarländern, die zum Ziel haben,
Tabus, Stigmata und Vorurteile gegenüber psychisch erkrankten
Menschen zu verringern.

Mit dem Beitrag von *Doortje Kal* bleiben wir in einem europäischen Nachbarland. Unter der Überschrift »Sehnsucht nach Sicht-

barkeit« betont sie die besondere Bedeutung einer kulturellen, künstlerischen Zusammenarbeit von Menschen mit und ohne Behinderung für die Entwicklung einer gastfreundlichen Gesellschaft. Eindrucksvolle Beispiele sind hierfür die Kwartiermakersfestivals in den Niederlanden.

Inklusion kann nur gelingen, wenn Organisationen der Sozialpsychiatrie und der Behindertenhilfe in sich selbst eine inklusive Kultur leben. Wie diese inklusive Kultur in einer Organisation entwickelt wird, zeigt *Fritz Bremer* in seinem Beitrag auf. Öffnung in den Sozialraum kann nur erfolgreich gelingen, wenn trialogische Arbeit und Mitwirkung der NutzerInnen die selbstverständliche Grundlage für neue soziale Erfindungen bilden.

Dass der Sozialraum aber nicht das heile Wohnzimmer ist, in das nun auch Menschen mit Behinderung eintreten dürfen, macht *Sandra Landhäußer* deutlich. Unter Verweis auf empirische Untersuchungen stellt sie fest, dass gerade sozial benachteiligte Menschen im Gemeinwesen am wenigsten über soziales Kapital verfügen. Damit entsteht die Gefahr, dass bei dem Verweis auf informelle Netzwerke soziale Ungleichheit verschleiert wird.

Ernst von Kardorff wendet sich einem zweiten für Inklusion wichtigen gesellschaftlichen System zu: der Erwerbsarbeit. Er warnt davor, Teilhabe am Arbeitsleben allein auf die Teilhabe an Erwerbsarbeit auf dem Arbeitsmarkt zu reduzieren. Er verweist auf die vielfältigen Formen von gesellschaftlich anerkannten Tätigkeitsformen in zivilgesellschaftlichen Projekten und Initiativen, die auch für Menschen mit Behinderung gesellschaftliche Teilnahme ermöglichen.

Sibylle Prins nimmt uns in ihrem Beitrag als unsichtbare Beobachterinnen und Beobachter mit zu einem Treffen von Psychiatrie-Erfahrenen, die – durchaus vielstimmig – ihre Assoziationen und Erlebnisse zum Begriff »Teilhabe« austauschen.

Ans Ende des Buches haben wir die Stellungnahme der SOLTAUER INITIATIVE »Moralisch aufwärts im Abschwung? – UN-Konvention über die Rechte von Menschen mit Behinderungen im Kontext von Sozial- und Wirtschaftspolitik« gestellt, weil wir der Auffassung sind, dass die Stellungnahme noch wesentlich mehr

Beachtung verdient und weil sie aus unserer Sicht für alle in diesem Buch versammelten Beiträge eine gute Klammer ist.

Wir würden uns freuen, wenn dieses Buch zur notwendigen Auseinandersetzung um die Entwicklung von Inklusion beiträgt, ohne Widersprüche vorschnell zu entschärfen und Unebenheiten zu glätten. Unser Interesse liegt dabei nicht im ideologisierenden Gebrauch des Begriffes, sondern in der konkreten, differenzierten Arbeit an Alltagsfragen. Die Realisierung von Inklusion kann nur dann gelingen, wenn der Widerstreit um sie lebendig ausgetragen werden kann.

Holger Wittig-Koppe für die Herausgeber,
im April 2010

Andreas Lob-Hüdepohl

Vielfältige Teilhabe als Menschenrecht – ethische Grundlage inklusiver Praxis

I. Begründung des scheinbar Selbstverständlichen

Gelegentlich muss man gerade das scheinbar Selbstverständliche nochmals begründen: so auch das Menschenrecht auf Teilhabe jener Menschen, die aufgrund ihrer nicht dem Durchschnitt entsprechenden somatischen, seelischen oder geistigen Ausstattung in ihrem Alltagsleben wie in ihrer Mitwirkung an gesellschaftlichen Prozessen behindert werden.[1]

Solche Begründungsleistungen bieten freilich eine Chance. Sie nötigen zu einer differenzierten Sicht, um sich gegen die versteckten und offenen Bestreitungen des eigentlich Selbstverständlichen wirksam zu wappnen – Differenzierungen, die aber auch manch vollmundigen Pathos, der sich mit bestimmten Leitoptionen verbindet, entzaubern und an seiner Stelle nüchterne Konturierungen vornehmen können. Das trifft bereits auf das Verständnis von *Teilhabe* zu. Unstreitig positiv konnotiert signalisiert Teilhabe eine durchaus schillernde Leitoption, die mit Blick auf ihre konkrete Art und Weise unbedingt präzisiert werden muss. Um ein – zugegeben besonders krasses – Beispiel zu geben: In früherer Zeit hat-

---

1 Ich vermeide bewusst den Begriff »Menschen mit Behinderungen«, da dieser sprachlich insinuiert, dass Behinderungen einzelne Ausstattungsmerkmale dieses Menschen selbst sind. Dagegen ist Behinderung ein soziales Ereignis, in dem Menschen behindert werden. Von daher legt sich eigentlich der aus anderen Gründen abgelehnte Begriff »behinderte Menschen« nahe.

ten »Dorftrottel« eine wichtige soziale Funktion in der dörflichen Gemeinschaft, waren psychisch kranke Menschen, die in Käfigen ausgestellt wurden, eine Attraktion für jeden Zirkus oder Jahrmarkt. Beide Personengruppen waren sozial integriert, hatten Anteil am gesellschaftlichen Leben – aber in einer Art und Weise, die wir heute als zutiefst unwürdig, ja menschenverachtend brandmarken würden.

Die Leitoption Teilhabe hat in der Behindertenhilfe spätestens durch die *UN-Konvention über die Rechte von Menschen mit Behinderungen*[2] eine zentrale Funktion. Alle Unterstützung von Menschen mit Beeinträchtigungen hat sich am Grundsatz zu orientieren, deren »volle und wirksame Teilhabe an der Gesellschaft und Einbeziehung in die Gesellschaft« zu ermöglichen (Art. 3). Teilhabe (im Englischen »*participation*«) steht hier noch gleichberechtigt mit Einbeziehung (im Englischen »*inclusion*«) in die Gesellschaft. Systematisch steht *Teilhabe* in gewisser Weise über *Einbeziehung*. Denn Einbeziehung bzw. *Inklusion* in die Gesellschaft selbst ist kein Menschenrecht, sondern lediglich das – freilich unverzichtbare – Instrument, mittels dessen Teilhabe als unveräußerliches Menschenrecht verwirklicht werden soll. Insofern ist Teilhabe die menschenrechtsethische Grundlage wie Zielbestimmung einer inklusiven Praxis, die sich *gegen* die soziale Abwertung und Ausgrenzung von Menschen mit Beeinträchtigungen und *für* deren Chancengleichheit durch Abbau von Zugangsbarrieren sowie Förderung realer Beteiligungschancen an öffentlichen Gütern engagiert.

Inklusive Praxis versteht sich als Beitrag einer umfassenden gesellschaftlichen *Enthinderung* von in ihrem Sosein und in ihren Ansprüchen behinderten Menschen – im Wissen, dass Behinderung aus der »Wechselwirkung zwischen Menschen mit Beeinträchtigungen und einstellungs- und umweltbedingten Barrieren entsteht, die sie an der vollen, wirksamen und gleichberechtigten Teilhabe an der Gesellschaft hindern« (Präambel).

2   Vgl. Übereinkommen über die Rechte von Menschen mit Behinderungen vom 13.12.2006. Offizielle deutsche Übersetzung: In: Bundesgesetzblatt Jg. 2008, Teil II, Nr. 35, S. 1420-1457.

II. Menschenrechtsethische Grundlage und Zielbestimmung inklusiver Praxis

Menschenrechte sind aus der ethischen Begründung unbedingter, also uneingeschränkt und universell geltender Rechte und Pflichten gegenüber jedem Menschen nicht mehr wegzudenken. Menschenrechte versprechen weder umfassendes menschliches Glück, noch können sie das Gelingen einer menschenwürdigen Lebensführung verbürgen. Menschenrechte sind deutlich bescheidener, darin aber ambitionierter. Menschenrechte beschränken sich auf jenen Kernbestand von Lebensbedingungen, die erfüllt sein müssen, damit Menschen ihre Vorstellungen einer guten und gelingenden Lebensweise entwickeln und wenigstens fragmentarisch verwirklichen und in dieser Weise menschenwürdig leben können.

Menschenrechte sind gewissermaßen die Bedingungen der Möglichkeit (eben nicht Gewissheit) menschenwürdigen Lebens. Genau darin sind sie unbeliebig, gelten unbedingt und ohne Einschränkung, sind sie besonders ambitioniert: Weil Menschenrechte grundlegende Anforderungen und Ansprüche beinhalten, die für die Erhaltung und Entfaltung eines menschenwürdigen Lebens unverzichtbar sind, gelten sie zunächst als *universalgültige ethische Postulate*, die eine(n) Jede(n), jede(n) Einzelne(n), aber auch jede Gemeinschaft bis zur (staatlich verfassten) Gesellschaft binden. Deshalb gehen Menschenrechtsforderungen über diesen zunächst »vorstaatlichen« oder auch »vorpositiven« Charakter hinaus. Sie drängen nämlich immer ins positive, juridische Recht – ob in Gestalt international verbindlicher Konventionen oder in Gestalt von verfassungsgarantierten Grundrechten.

Menschenrechte verlangen danach, nicht nur als moralische Appelle ernst genommen, sondern auch als rechtlich verbindliche und einklagbare Regeln im Leben von Staat und Gesellschaft gewährleistet zu werden. Inklusive Praxis, die eine menschenrechtliche Grundlage und Zielbestimmung besitzt, hat – und darin liegt ihre ethische Zuspitzung – konstitutiv Anteil an der Unbedingtheit und Unbeliebigkeit von Menschenrechten insgesamt. Inklusive Praxis ist weder Ausdruck einer ungeschuldeten Mildtätigkeit barmherziger Bürger oder Staaten, von der sie jederzeit auch ablassen könnten, noch ist sie eine Anforderung, die lediglich entweder die Einzelnen oder den Staat verpflichten würde. Sondern sie ist Ausdruck einer Gerechtigkeit gegen Jede(n), zu der ein(e) Jede(r) in seinem/ihrem Handeln um der Menschenwürde jedes/r Einzelnen verpflichtet ist.

Neben dieser Begründung ihrer unbedingten Geltung besitzt inklusive Praxis in der menschenrechtlichen Grundlage auch ihre Zielbestimmung. Sie selbst dient der Verwirklichung von Menschenrechten; in ihnen findet sie Kriterien, die über die Sinnhaftigkeit ihrer eigenen Praxis entscheiden, sie legitimieren oder aber Korrekturen einfordern. Auch dies ist alles andere als selbstverständlich. Gelegentlich erhebt sich unter Verweis auf *Inklusion* die Forderung auf Verzicht jedweder Form besonderer Assistenz, um auch diese Form der (vermeintlichen) Besonderung von Menschen mit Beeinträchtigungen zu beenden. Dem Zynismus dieser Forderung wird man entgegnen können, dass sich die Notwendigkeit oder der Grad an gewöhnlicher oder außergewöhnlicher Unterstützung von Menschen (mit oder ohne Beeinträchtigung) ausschließlich daran messen lassen muss, wie sie der realen und vollen Teilhabe von Menschen mit Beeinträchtigungen dienlich sind oder nicht. Inklusive Praxis ist nicht schematisierende Technik, sondern zielgerichteter Prozess – eben ausgerichtet auf die Verwirklichung von Menschenrechtsansprüchen.

III. Vielfältige Teilhabe in Vielfalt

Nun ist *Teilhabe* – wie schon angedeutet – selbst noch präzisierungsbedürftig. Auch ihr Charakter als Menschenrecht ist erläuterungsbedürftig. Denn ein einzelnes Menschenrecht auf Teilhabe ist kaum geläufig. Traditionell steht *Teilhabe* eher für eine Gruppe von Menschenrechten, die zur zweiten Säule der sogenannten Menschenrechtstrias, also zu den *politischen Partizipationsrechten* zählen: Wahlrecht, Versammlungsfreiheit, Koalitionsrecht, Recht auf freie Meinungsäußerung/Demonstrationsrecht usw.

Diese Menschenrechte sollen die Beteiligung bzw. Mitwirkung aller an allen relevanten Meinungsbildungs- und Entscheidungsprozessen einer Gesellschaft garantieren. Freilich greift der Aspekt von Partizipation und Teilhabe weit über diese Mitwirkungsrechte hinaus. Denn Partizipation/Teilhabe bestimmt auch die Konzeptualisierung und Realisierung der beiden anderen Gruppen von Menschenrechten – schon allein aufgrund des engen Wechselverhältnisses, in dem *persönliche Freiheitsrechte, politische Mitwirkungsrechte* sowie *Kultur- und Sozialrechte* zueinander stehen. Kultur- und Sozialrechte wie das Recht auf Bildung, auf (soziale) Sicherheit, auf Wohnung, auf Fürsorge usw. zielen auf die Gewährleistung jener wirtschaftlichen, sozialen und kulturellen Voraussetzungen ab, um persönliche Freiheits- wie politische Partizipationsrechte überhaupt wahrnehmen zu können. Darin sind sie aber in gewisser Weise selbst Teilhaberechte: Recht auf Teilhabe an den ökonomischen, sozialen und kulturellen Errungenschaften und Standards einer Gesellschaft ebenso wie Recht auf Teilhabe an den gesellschaftlichen Aushandlungsprozessen, die über deren Verteilung bestimmen.

Persönliche Freiheitsrechte wie Gedanken-, Gewissens- oder Bewegungsfreiheit sind zwar zunächst als Abwehrrechte konzipiert, die den Handlungs- und Lebensspielraum jeder/s Einzelnen vor ungebührlicher Einflussnahme seitens Dritter bzw. des Staates absichern. Aber diese Freiheitsrechte sind in gewisser Weise immer auch Teilhaberechte: Teilhabe an jenen sozialen Bezügen und Vergemeinschaftungsformen, in denen sich allein die persönliche Freiheit des Einzelnen als »menschliche Existenz in Gemeinschaft« vollziehen kann; Teilhabe aber auch am modernen Staatsversprechen, jedem/r Einzelnen die authentische Autorenschaft ihrer/seiner Lebensgeschichte zu ermöglichen und sie/ihn damit wirklich Subjekt der je eigenen Lebensführung werden zu lassen.

Deshalb führen die vielfältigen Formen von Teilhabe unweigerlich auch zur Teilhabe in Gestalt von Vielfalt. Was schon durch eine halbwegs aufgeschlossene Beobachtung unseres Alltags unmittelbar einsichtig wird, ist das Markenzeichen moderner Gesellschaften insgesamt, nämlich ihre *Pluralität*. Lebensformen und Lebensweisen kommen in ihnen nur im Plural vor, der Heterogenität, Differenz und also Vielfalt zulässt und fördert. Die Art und Weise, wie Menschen zu Subjekten ihrer Lebensführung bzw. zu Autoren ihrer Lebensgeschichte werden, sind nicht nur faktisch sehr verschieden, sondern sie dürfen legitimerweise auch verschieden sein.

Diese Einsicht – so selbstverständlich sie auf den ersten Blick erscheinen mag – ist keinesfalls trivial, sondern mit Blick auf Menschen, die für die Mehrheit im pluralen Miteinander moderner Gesellschaften *ungewohnt verschieden* sind und darin möglicherweise befremdlich wirken, von erheblicher Bedeutung. Denn sie verbietet jeden Versuch, die Sinnhaftigkeit der Lebensführung oder die Autorenschaft der Lebensgeschichte nur mit einem Maß, nämlich dem gewohnten Maß der Mehrheitsgesellschaft, zu messen. Auch Menschen mit schweren (geistigen) Behinderungen können Subjekte ihrer Lebensführung und Autoren ihrer Lebensgeschichte sein – freilich nur dann, wenn ihre möglicherweise sehr andere Art und Weise im Vergleich zum Durchschnitt aller Menschen von der Dominanz dieses Durchschnitts wirklich zugelassen wird. Denn ihrer Autorenschaft und Lebensführung besitzt grundsätzlich eine Rationalität und Sinnhaftigkeit, die sich ihrer je spezifischen Seinsweise und »fungierenden Intentionalität«[3] verdankt und als solche – durchaus im Sinne eines klassischen Freiheitsrechtes – anzuerkennen ist, ohne sie im Einzelnen verstehen zu können oder zu müssen. Darin zeigt sich der tiefe Sinn personaler Freiheit: Anerkennung des Anderen als bleibend andere Person ohne Ansehen seiner Verständlichkeit für uns.

3 Dieter Mattner/Matthias Gerspach: Heilpädagogische Anthropologie. Stuttgart 1997, S. 79.

IV. Zwischenfrage: Auch umfassende Menschenrechte für schwer geistig Behinderte?

Die unbedingte Anerkennung der Person ohne Ansehen ihrer vorhandenen oder verschiedenen Kompetenzen ist der Kern allen Menschenrechtsdenkens, weil sie zugleich Kern des Menschenwürdegrundsatzes ist.[4] Doch genau diese unbedingte Anerkennung wird mit Blick auf Menschen mit schweren Versehrungen in Zweifel gezogen. Als zu Beginn des Jahres 2007 das Schicksal des US-amerikanischen Mädchens *Ashley* bekannt wurde, die von Geburt an schwer geistig behindert gewesen ist und aus pflegetechnischen Gründen mit Hormonen am weiteren Wachstum gehindert wurde, werteten dies eine Mehrzahl an Fachleuten und Verantwortlichen als unzulässigen Eingriff in die Würde von *Ashley*. Diesem Vorwurf wurde von prominenter Seite mit dem Argument entgegnet, dass die operative wie hormonelle Behandlung *Ashleys* schon deshalb keine Verletzung ihrer Würde darstellen könne, da Ashley aufgrund ihrer Behinderung überhaupt nicht in der Lage sei, eine menschenunwürdige Behandlung von einer anderen zu unterscheiden.[5]

Solche präferenzutilitaristischen Argumente sind in der bioethischen Debatte seit Längerem geläufig. Sie knüpfen an der Unterstellung an, dass Menschenwürde (und mit ihr auch die Menschenrechte) nur jene Personen beanspruchen können, deren kognitive Kompetenzen wenigstens grundsätzlich Präferenzen, Interessen oder Lebensführungsoptionen geltend machen können. Sie knüpfen dabei sogar – bewusst oder unbewusst – an eine Begründungsfigur von Menschenwürde an, die im Zentrum moderner Moralphilosophie insbesondere *Immanuel Kants* steht und nach wie vor zentraler Referenzpunkt für die ethische Begründung neuzeitlichen Menschenrechtsdenkens ist.[6] Tatsächlich bin-

---

4 Vgl. dazu neuerdings Heiner Bielefeldt: Menschenwürde. Der Grund der Menschenrechte. Berlin 2008.

5 So George Dvorsky, zitiert nach F.-J. Hunainigg: Pillow Angel. (www.bizeps.or.at/news.php?nr=7484 [Zugriff am 22.7.2007])

6 Vgl. Heiner Bielefeldt: Philosophie der Menschenrechte. Grundlagen eines weltweiten Freiheitsethos. Darmstadt 1998.

det Kant die Würde eines Menschen an dessen Fähigkeit zu Freiheit, Verantwortung sowie Selbst- und Fremdachtung, sodass es tatsächlich naheliegt, vollgültige Menschenrechtsansprüche nur Menschen zuzusprechen, die zu dieser Form von Autonomie fähig sind.

Unabhängig von der Frage, ob der Rekurs auf die Begründungsfigur Kants schlüssig ist oder nicht[7], liegt der entscheidende Denkfehler in der präferenzutilitaristischen Bestreitung einer gleichen Menschenwürde für Menschen mit schweren geistigen Beeinträchtigungen in einem *normalitätszentristischen Fehlschluss*. Dieser Fehlschluss verabsolutiert – analog zum sogenannten *ethnozentrischen* Fehlschluss – die Ausdrucksmöglichkeiten der eigenen Rationalität und Lebensführungskompetenz zum alleinigen Maßstab, an dem sich alle anderen Ausdrucks- und Artikulationsformen zu messen und dem sie sich im Zweifelsfalle unterzuordnen haben. Genau gegen diese Hybris des normalitätszentristischen Fehlschlusses wendet sich die UN-Behindertenrechtskonvention, wenn sie auf die *unterschiedlichen* Ausdrucksmöglichkeiten menschlichen Seins besteht und deshalb kategorisch »die Achtung vor der Unterschiedlichkeit von Menschen mit Behinderungen« sowie »die Akzeptanz dieser Menschen als Teil der menschlichen Vielfalt und der Menschheit« fordert (Art.3).

V. Ausblick: Teilhabe im Modus von Teilgabe

Die UN-Behindertenrechtskonvention geht über die geforderte Akzeptanz sogar noch einen wichtigen Schritt hinaus. Denn sie fordert nicht nur Akzeptanzbereitschaft in Form von Toleranz gegenüber dem, was anders ist und bleiben wird, sondern Akzeptanzbereitschaft in Form von Wertschätzung gegenüber dem, was

---

7 Ich habe das an anderer Stelle ausführlicher diskutiert in: Andreas Lob-Hüdepohl: Welche Pflichten hat die Gesellschaft gegenüber Menschen mit schweren Behinderungen und ihren Familien? Menschenrechtsethische Überlegungen zur prosozialen Solidarität. In: Markus Dederich u.a. (Hg.): Herausforderungen. Mit schwerer Behinderung leben. Frankfurt/M. 2007, S. 87-101.

als bleibend Anderes zur Vielfalt und Lebendigkeit einer Gesellschaft selbst beiträgt. Deshalb fordert sie eine umfassende Bewusstseinsbildung auf Seiten der Mehrheitsgesellschaft, die sensibel und förderungsbereit wird »für die Fähigkeiten und den Beitrag«, den Menschen mit Beeinträchtigungen im Arbeitsleben ebenso zu leisten im Stande sind wie in allen übrigen Bereichen des öffentlichen Lebens (Art. 8). Diese Wertschätzung umfasst besonders »die Achtung vor den sich entwickelnden Fähigkeiten von Kindern mit Behinderungen und die Achtung ihres Rechts auf Wahrung ihrer Identität« (Art. 3).

Damit gewinnt auch das Menschenrecht auf Teilhabe eine besondere Kontur. Vollwirksame Teilhabe gipfelt im Modus der Teil*gabe*. Teilhabe besteht dann in der Möglichkeit, die je eigenen Fähigkeiten und Kompetenzen in den öffentlichen Gestaltungsprozess einbringen und andere daran partizipieren lassen zu können. Gemeint sind keineswegs nur solche Fähigkeiten, die als *Auch*-Kompetenzen ohnehin zum durchschnittlichen Kompetenz-Repertoire der durchschnittlichen Mehrheitsgesellschaft zählen, sondern vor allem jene *Nur*-Kompetenzen, über die nur Menschen mit Beeinträchtigungen aufgrund ihrer spezifischen Ausstattungsmerkmale oder Lebenssituation verfügen und mit ihrer Teilgabe darin die Vielfalt der Gesellschaft *bereichern*.

Eine Gesellschaft, die in dieser Weise empfänglich ist für die Teilgabe von außergewöhnlicher Vielfalt, spielt Menschen, die aufgrund ihres Soseins für gewöhnlich behindert werden, eine Form basaler Anerkennung und Wertschätzung zurück, die für die Selbstachtung und das Selbstvertrauen eines jeden Menschen konstitutiv sein dürfte. Das Menschenrecht auf Teilhabe, die besonders auch diese Dimensionierung einfordert, ist tatsächlich eine angemessene Grundlage wie Zielbestimmung inklusiver Praxis.

Michael Wunder

Inklusion – nur ein neues Wort oder ein anderes Konzept?

Zwischen Hineingenommenwerden und Dazugehören ist ein Unterschied. Das erschließt sich intuitiv. Inklusion ist kein neues Wort für etwas Altes, es ist vielmehr ein bestimmtes Konzept und – vergleicht man es mit dem bisherigen Konzept der Integration – ein anderes Konzept.

Inklusion ist eines der Leitprinzipien der UN-Konvention über die Rechte von Menschen mit Behinderung, die die UN Generalversammlung im Dezember 2006 nach langer Vorarbeit verabschiedet hat. 2008 hat der Deutsche Bundestag diese Konvention ohne Vorbehalt ratifiziert. Mit der Ratifizierung sind die Regelungen der Konvention in nationales Recht übergegangen, bzw. müssen deutsche Gesetze nun der Konvention angepasst werden.

Die Konvention markiert den endgültigen Wechsel vom medizinischen Modell der Behinderung zu einem sozialen Modell der Behinderung. Sie stellt den betroffenen Menschen mit seinem Willen und seinen Wünschen in den Mittelpunkt und macht sein Wohl zum Maßstab aller Unterstützung für ein selbstbestimmtes Leben unter Berücksichtigung der individuellen Fähigkeiten und Eigenschaften des Einzelnen.

Inklusion wird in Artikel 3 als einer von 8 allgemeinen Grundsätzen der Konvention genannt. Wörtlich heißt dieser Grundsatz »full and effective participation and inclusion in society«[1]. Inklu-

---

1 Hier wird die englische Originalquelle zitiert, weil in der offiziellen deutschen Übersetzung dieser Passus missverständlich übersetzt ist mit: »Die volle und wirksame Teilhabe an der Gesellschaft und Einbeziehung in die Gesellschaft.«

sion ist somit immer mit Partizipation verbunden und gedacht. Gefordert wird nicht nur Inklusion als (selbstverständlichen) Status einer Person, sondern auch die daraus erwachsende Aktivität der Teilhabe.

Dem Prinzip der Inklusion kommt auch deshalb eine so zentrale Bedeutung in der Konvention zu, weil es in den nachfolgenden Artikeln zur Arbeit und zur Bildung immer wieder wörtlich benannt wird. Auch wenn in der offiziellen deutschen Übersetzung Inklusion stets mit Integration übersetzt wird – durchgehend heißt es in der Konvention in diesen Artikeln »inclusion« und nicht »integration«. Dies muss stutzig machen, zumal es eine einschlägige Debatte über diese beiden Begriffe gibt, ihre Gleichsetzung nicht »unschuldig« passieren kann, sondern dahinter offensichtlich eine bestimmte Absicht steht.

Integration und Inklusion als unterschiedliche Konzepte

Unter *Integration* im Bereich der Menschen mit Behinderung ist die aktive Einbeziehung von Menschen mit Behinderung in gesellschaftliche Prozesse (z.B. in der Bildung, im Freizeitbereich oder im Arbeitsleben) zu verstehen, also Maßnahmen, die Menschen, die bisher nicht integriert waren und nicht teilgenommen haben oder teilnehmen konnten, in Angebote und Maßnahmen einzubeziehen. Integrativ sind somit Institutionen, Maßnahmen oder Angebote, die in gleicher Weise von Menschen mit und ohne Behinderung genutzt werden. Direkt zusammenhängend mit dem Begriff der Integration ist der Begriff der Normalisierung, deren Ziel es ist, für Menschen mit Behinderung, im Sinne des gesellschaftlichen Durchschnitts, normale Wohnbedingungen, Arbeitsbedingungen und Bildungsbedingungen zu schaffen.

Als Kritik an dem Integrationsbegriff können folgende Aspekte benannt werden:

a) Integration heißt, in die Gesellschaft hereinholen, wobei Gesellschaft immer die herrschende Gesellschaft ist, die Durchschnittsnorm, böse gesagt, die »Leitkultur«. Der Integrationsbegriff enthält damit unausgesprochene normative Voraussetzungen, wie beispielsweise die, dass die Menschen, die integriert werden sollen, dies auch wollen müssen und sich an die gesellschaftlichen Bedingungen anpassen müssen. Diese Voraussetzung setzt – so die mittlerweile vielfältig vorgetragene Kritik – einen Assimilationsdruck in Gang. Das Anderssein von Menschen mit Behinderung würde nicht bejaht, die Vielfalt nicht angestrebt, sondern vielmehr die Anpassung und die Überwindung des Andersseins.[2]

b) Der Integrationsbegriff und die darauf aufbauende Praxis produziert des Weiteren meist eine Abstufung in der Gestalt, dass Menschen mit höherem Unterstützungsbedarf seltener integriert werden als Menschen mit niedrigem Unterstützungsbedarf. In der englischsprachigen Literatur wird dies als »readines model«[3] bezeichnet, da mit den wachsenden Fähigkeiten eines Menschen mit Behinderung auch seine Integrationsmöglichkeiten steigen, oder umgekehrt ausgedrückt: ein Mensch mit Behinderung ist erst durch den Erwerb bestimmter Fähigkeiten für den Integrationsprozess qualifiziert.

c) Der Integrationsbegriff schafft zudem gedanklich zwei Gruppen: die integrierenden, »normalen« Menschen oder Bürger und die zu integrierenden, »nicht normalen« Anderen. Damit wird eine Polarisierung von bereits Dazugehörenden und noch nicht Dazugehörenden vorangetrieben, womit das Problem, das die Integration eigentlich lösen will, noch vertieft wird.
Trotz dieser Einwände muss natürlich die historische Bedeutung des Konzepts der Integration und des damit eng zusammenhän-

---

2 u.a. Hinz, Andreas (2002): Von der Integration zur Inklusion – terminologisches Spiel oder konzeptionelle Weiterentwicklung? in: Zeitschrift für Heilpädagogik, 9, 2002, S. 354-361
3 u.a. Mittler, Peter (2000): Working Towards Inclusive Education Social Contexts, in: International Journal of Inclusive Education Vol. 4, 2, 2000; zur kritischen Bewertung auch: Boban, Ines; Hinz. Andreas (2003): Qualitätsentwicklung des gemeinsamen Unterrichts durch den Index für Inklusion, in: Behinderte 3/4, 2003, S. 2-13

genden Konzepts der Normalisierung im Blick bleiben. In der historischen Phase der Separierung, Isolierung und Verwahrung von Menschen mit Behinderung oder psychischen Erkrankungen in großen Anstalten und Sonderinstitutionen kamen der Integration und dem Normalisierungsprinzip bei uns – heute gilt das beispielsweise für die osteuropäischen Staaten – ein unüberschätzbarer reformerischer Wert zu, weil damit Prozesse in Gang gesetzt werden konnten und können, die Inklusion überhaupt erst ermöglichen. So gesehen kann eine Kritik am Integrationskonzept dessen historische Berechtigung keinesfalls in Abrede stellen, sondern verweist vielmehr auf dessen Grenzen und Implikationen und stellt die Frage, wie diese positiv zu überwinden sind.

Dem Konzept der *Inklusion* liegt der Gedanke der vorbehaltlosen und nicht weiter an Bedingungen geknüpften Einbezogenheit und Zugehörigkeit Aller in der Gesellschaft zu Grunde. Das Ziel ist die gleichberechtigte Teilhabe aller Menschen, ungeachtet ihres Geschlechts, ihrer Hautfarbe, ihrer Leistung, ihrer ethnischen Zugehörigkeit oder ihrer Behinderung. Der Inklusionsbegriff geht gedanklich von der Gemeinschaft aller in einer Region oder einer Lokalität aus, die allerdings innerlich differenziert und vielgliedrig ist. In der Folge wird immer von Heterogenität, von Vielfalt, von diversity der Zusammensetzung in Wohnquartieren oder in Schulklassen oder in Arbeitsstätten ausgegangen, nicht von zwei oder mehreren verschiedenen Gruppen, wie beispielsweise den Behinderten und den Nicht-Behinderten, den Migranten und Nichtmigranten usw. Die Annahme der Heterogenität und Vielfalt erlaubt auch einen Blick auf andere differente Merkmale und ihre Verteilung, wie beispielsweise die Religionszugehörigkeit, die ethnische Zugehörigkeit, das soziale Milieu, die Geschlechtsrolle, die politische Überzeugung oder die sexuelle Orientierung.

Der Inklusionsansatz kann historisch an Adornos »Miteinander des Verschiedenen« anknüpfen und seine Warnung, dass in der Betonung der Gleichheit der Menschen (außer der vor dem Gesetz) ein unterschwelliger Totalitätsgedanke mitschwingt. Der ethische Appell, dass sich Auschwitz nicht wiederholen darf, bedeutete für Adorno, die Verschiedenheit der Menschen zu akzeptieren und zu lernen, mit Verschiedenheit produktiv umzugehen.[4]

In diesem Sinne geht der Inklusionsansatz davon aus, dass jedes Mitglied der Gesellschaft seinen Beitrag zur Gemeinschaft leistet und für das Ganze wichtig ist. »Wir brauchen den jeweils Anderen«, könnte man formulieren, oder: »Die Gemeinschaft wäre ohne die jeweils Anderen arm«.

Neben dieser philosophischen Verortung des Inklusionsansatz ist auch ein Blick auf seine bürgerrechtliche Ausrichtung interessant: Inklusion bedeutet, dass jede und jeder einen Anspruch hat, die Hilfen, die er zu einem teilhabenden Leben in der Gesellschaft braucht, auch zu erhalten. In der Konsequenz bedeutet das Inklusionsmodell, dass materielle und organisatorische Ressourcen immer in der Menge bereitgestellt werden müssen – oder müssten, bedenkt man die gesellschaftliche Realität –, mit der die Inklusion aller von Marginalisierung bedrohten Bevölkerungsgruppen gewährleistet ist. Damit ist der Inklusionsansatz untrennbar mit der Sozialstaatsidee verbunden. Die bürgerrechtliche Absicherung der jeweils zur Teilhabe notwendigen Hilfen ist nicht über Charity oder freiwillige Leistungen Einzelner, sondern nur über sozialstaatliche Garantien möglich. Zum anderen stellt der Inklusionsansatz auch eine Überwindung von Unterteilungen und Privilegierungen einzelner Hilfeempfängergruppen in der Ressourcenzuordnung für Integrationsmaßnahmen dar. So ist es ein Unterschied, ob eine Grundschule zusätzliche Ressourcen für die Kinder mit ausgewiesenem sonderpädagogischen Förderbedarf zugewiesen bekommt und diese als eine auf das jeweilige Kind bezogene Maßnahme abrechnen muss, oder ob diese Ressourcen für die Schule insgesamt zugewiesen werden und damit der Erfahrung nachgekommen wird, dass in solchen Schulen auch die »anderen«

---

4 Adorno, Theodor (1969): Minimalia Moralia. Reflexionen aus dem beschädigten Leben, Frankfurt/Main

Kinder durchaus besondere Förderungen brauchen und deshalb Maßnahmen für die gesamte Klasse mit Kindern mit unterschiedlichen Förderbedarfen gebraucht werden.

Inklusive Maßnahmen richten ihr Augenmerk auf die Entwicklung von Gemeinschaften, Strukturen oder Systemen, die Vielfalt anerkennen. Inklusive Strukturen sichern dieses Selbstverständnis organisatorisch ab, indem sie zum Beispiel »eine Schule für alle« oder »einen Arbeitsmarkt für alle« anstreben. Die Förderung von Inklusion darf deshalb Einzelmaßnahmen natürlich nicht aufgeben, muss sich aber gleichzeitig auf die Förderung von Strukturen und Systemen beziehen und betrifft die »lernende Gesellschaft«. Eine inklusive Gesellschaft überwindet die Besonderung bestimmter Klientelgruppen, auch ihre Spaltung in mehr oder weniger geförderte Gruppen. Inklusion ist keine Frage der Behindertenhilfe oder der Sozialpsychiatrie mehr, sondern eine Frage des Umgangs mit Unterschiedlichkeit schlechthin. Eine spezielle Inklusion von Menschen mit Behinderung ist deshalb an sich widersinnig. Inklusion wendet sich gegen jegliche gruppenbezogene Kategorisierung. In Großbritannien wird in diesem Zusammenhang auch der Begriff der »special educational needs« als diskriminierend abgelehnt und durch den Begriff des »learning supports«[5] ersetzt. Manche Autoren sprechen auch von der Gefahr der »Sonderpädagogisierung der Inklusion«[6], wenn diese einsinnig mit der Inklusion von Menschen mit Behinderung gleichgesetzt und diskutiert wird und damit der Aspekt der Zugehörigkeit aller zur Gemeinschaft vernachlässigt wird. Die UN-Konvention für die Rechte der Menschen mit Behinderung könnte diese Gefahr verstärken, wenn sie fälschlicher Weise als Konvention rezipiert wird, die besondere Rechte für Menschen mit Behinderung einfordert. Richtig ist vielmehr, dass die Konvention Inklusion nicht in einer separierenden oder privilegierenden Form, sondern im Sinne einer Einforderung dieses allgemeinen Prinzips auch für Menschen mit Behinderung thematisiert.

---

5 Mittler, a.a.O., S. 8
6 Boban, Ines; Hinz, Andreas (2009): Inklusive Werte in allen Lebensbereichen realisieren, in: Gemeinsam leben 17, 2009, S. 92-99

Als Vorzüge, aber auch Risiken des Inklusionskonzepts lassen sich folgende Punkte benennen:

a) Das Konzept der Inklusion überwindet den Lobbyismus eines Klientelhandelns. Es richtet nicht mehr den Blick auf die Zugehörigkeit zu einer Klientelgruppe und den daraus erwachsenden speziellen Förderbedarf zur Gewährleistung der gesellschaftlichen Teilhabe, sondern unabhängig von einer Klientelgruppenzugehörigkeit auf den jeweiligen Menschen, darauf, was dieser braucht und wie das umgebende System insgesamt zu stärken ist, um alle Personen, die zur vollen Teilhabe Unterstützung brauchen, vor Exklusion zu bewahren.

b) Das Konzept der Inklusion stärkt einen bürgerrechtlich begründeten Anspruch auf Unterstützung für jeden, der zur Teilhabesicherung einer Unterstützung bedarf. Zur Hilfe für den Einzelnen tritt als neue Form der Unterstützung auch die Systemunterstützung hinzu (Mittel für Netzwerkbegleitung, pauschale Mittel für die Initiierung und Begleitung von Kommunikationsprozessen). Eine Gefahr liegt in der Umwidmung bisheriger Mittel der Einzelfallhilfe in Mittel zur Systemunterstützung, da damit die Ansprüche des Einzelnen unterminiert würden.

c) Das Konzept der Inklusion richtet seinen Blick auf den Sozialraum, in dem verschiedenen Menschen mit unterschiedlichen Lebensentwürfen und diversen Unterstützungsbedarfen zusammenleben. Die Bedarfe sollen nicht mehr diagnostisch kategorial, sondern sozialraumbezogen festgestellt werden. Die Unterstützung soll primär im Sozialraum erbracht werden. Sozialräumliche Bezüge und Strukturen werden gestärkt, um beispielsweise für Menschen mit Behinderung die Lebensbedingungen so zu verbessern und zu verändern, dass sie ein gutes und teilhabendes Leben im normalen Wohnquartier leben können. Heilerzieher, Sozialpädagogen und andere, die bisher institutionsbezogen gearbeitet haben, arbeiten nun im Auftrag einer Institution im allgemeinen Sozialraum. Sie begleiten Menschen mit Behinderung nicht nur in diesem Sozialraum. Sie richten ihre Arbeit auch im Sinne der Gemeinwesenorientierung auf die Unterstützung und Weiterentwicklung dieses Sozialraums, damit er den Aufgaben der Inklusion besser gerecht werden kann.

Eine Fülle von Praxisfragen bleiben im Inklusionskonzept und auch mit dem Verweis auf die Sozialraumgestaltung offen, was natürlich eine Reihe von Gefahren in der Praxis nach sich zieht. Eine Gefahr liegt beispielsweise in der Ablehnung spezialisierter Dienste, statt deren Nutzung für den Sozialraum: statt Beratungsstellen für Menschen mit Behinderung allgemeine Beratungsstellen für alle Hilfesuchenden, statt spezialisierter Arztpraxen allgemeine Arztpraxen. Das Gutgemeinte kann (zumindest noch) ins Gegenteil umschlagen, wie die Praxis zeigt: Diskriminierung der Menschen mit Behinderung in den überforderten Regelangeboten (Behinderte erst ab 19.30 Uhr in der Arztpraxis, damit die anderen Patienten nicht abgeschreckt werden) und mangelnde Professionalität (viele Krankheiten äußern sich bei Menschen mit Behinderung anders als bei Nichtbehinderten und können von damit unerfahrenen Ärzten und Therapeuten verkannt und fehl behandelt werden).

Inklusion und der Begriff der Assistenz

Die Hilfeerbringung zur Sicherung eines teilhabenden Lebens bedient sich weithin nicht mehr Begriffen wie Versorgung, Pflege, Betreuung oder Förderung, sondern des Begriffs der Assistenz. Auch im Bereich der Behindertenhilfe hat sich zunehmend der Begriff der Assistenz durchgesetzt, insbesondere der Begriff der persönlichen Assistenz. Stand bei dem Begriff Betreuung, mehr noch bei dem Begriff der Versorgung, das vorgegebene Konzept der Hilfe erbringenden Institution im Mittelpunkt, so signalisiert der Begriff Assistenz eine Hilfestellung im Sinne und im Auftrag des Betroffenen, der die Assistenz erhält. Zwar kannte auch schon das Konzept der Betreuung eine klientenzentrierte Orientierung, der Begriff Assistenz wird aber verwendet im Sinne von »jemandem nach dessen Anweisungen zur Hand gehen« und verdeutlicht damit diesen Aspekt der Klientenzentriertheit im Sinne der Verwirklichung der Selbstbestimmung. Hier aber verweist das Konzept auch auf seine impliziten Grenzen.

So produktiv sich der Assistenzansatz zur kritischen Reflexion paternalistisch eingefärbter Hilfekonzepte erwiesen hat, so kritisch müssen aber seine normativen Implikationen und offensichtlichen Widersprüchlichkeiten diskutiert werden, die in der Praxis durchaus Verwirrung stiften und den Grundlagen des Inklusionskonzeptes zuwiderlaufen können.

Eine dieser impliziten normativen Voraussetzungen ist der Grundsatz, dass das Assistenzangebot selber keinen exkludierenden oder entmündigenden Charakter haben darf, sondern vielmehr der »Befähigung zur Selbstaktivität«, dem »Empowerment« und der Emanzipation der Betroffenen von Abhängigkeit und Fremdbestimmung dienen soll. Im Widerspruch hierzu steht aber die absolute Vorrangigkeit der Selbstbestimmung des Betroffenen im Assistenzbegriff. »Jemanden nach dessen Anweisungen zur Hand gehen« heißt das Leitprinzip des Assistenzkonzepts. Und die US-amerikanische independent-living-Bewegung, die sich in Deutschland wenig später als »Selbstbestimmt-Leben« Bewegung konstituierte und den Assistenzgedanken in die Behindertenhilfe eingebracht hatte, sprach in diesem Zusammenhang stets auch vom »Arbeitgebermodell«: der Mensch mit Behinderung als Arbeitgeber seines Assistenten, als selbstbestimmter Auftraggeber von Serviceleistungen des Assistenten. Die Verantwortlichkeit des Assistenten bleibt in diesem Assistenzmodell weitgehend unthematisiert. Sie besteht bestenfalls in einer Verantwortung für eine sachgerechte Erbringung der geforderten Serviceleistung. Eine Eigenverantwortung des Assistenten für die Art der Hilfe, ihr Ausmaß oder eine dialogische Erarbeitung ihrer Gestaltung haben hier keinen Platz.

Hier ergeben sich zwei wesentliche Widersprüche:

a) Assistenzaufträge in Richtung Versorgung aus Bequemlichkeit oder Verweigerung von Eigenaktivität widersprechen der impliziten Norm, dass das Assistenzangebot ermutigenden, selbst-

aktivierenden und Selbstbestimmung fördernden Charakter haben
soll. Es soll beraten, unterstützen, ergänzen und nur, wenn es
anders nicht geht, die Selbsthandlung der betroffenen Person
ersetzen und an ihrer Stelle handeln. Die Entscheidungen sollen
aber, soweit es irgendwie geht, grundsätzlich bei der betroffenen
Person, ersatzweise bei ihrer gesetzlichen Vertretung liegen, nicht
bei den Erbringern der Assistenzleistung. Entscheidet sich diese
Person aber für eine ihre Entwicklung einschränkende Vollversor-
gung, also aus Sicht der Umwelt für ihre eigene Entmündigung,
steht die Assistenzerbringung vor einem Dilemma. Folgt sie dem
Wunsch, nimmt sie ihn also wörtlich, achtet sie zwar die unmittelbare Selbstbestimmung des Klienten, verletzt aber den emanzipatorischen Gehalt ihres eigenen Konzepts. Folgt sie dem Wunsch
nicht, bleibt sie zwar dem emanzipatorischen Kern ihres Konzepts
treu, verletzt aber augenscheinlich das unmittelbare Selbstbestim-
mungsrecht des Betroffenen. Hier hat die, wie mir scheint, von
Verwirrung gekennzeichnete Diskussion eines »Rechts auf Verwahrlosung« ihren Ort. Eine einseitige Beachtung des Selbstbe-
stimmungsrechts muss zu diesem Dilemma führen, weil das selbstbestimmte Subjekt durchaus auch fähig ist, die Grundlagen seiner
Selbstbestimmung selbstbestimmt zu zerstören. Um den dem
Assistenzmodell zu Grunde liegenden einseitigen Selbstbestim-
mungsbegriff im Sinne eines positiven und auf die ganze Person
gerichteten Inklusionsverständnisses zu verwenden, bedarf es
offensichtlich eines umfassenderen Konzepts der Hilfeerbringung.

b) »Jemanden nach dessen Anweisungen zur Hand gehen«
basiert auf einem Menschenbild, das möglicherweise etwas vor-
aussetzt oder zu schnell in eine Person hineininterpretiert, was erst
am Ende eines Prozesses als beste der Möglichkeiten herauskommen soll. Assistenz richtet den Blick in der Praxis zu sehr auf das
Starke, das Selbstständige, das Weiter und das Entwickeln, nicht
auf das Schwache, die Angewiesenheit, das Bedürftige. Menschen
im fortgeschrittenen Alter, Menschen unter den Bedingungen von
Demenz, von chronischen Erkrankungen überhaupt, Menschen
mit schweren geistigen Behinderungen und Menschen in psychischen Krisen entsprechen nicht diesem Bild. Was soll der Assistent

in solchen Situationen bzw. bei solchen Assistenzempfängern machen? Erbringt er die Assistenz, die die Betroffenen fordern, entspricht er zwar dem Selbstbestimmungs- und dem damit verbundenen Auftragsmodell, handelt aber, möglicherweise an den Erfordernissen und hinter der unmittelbaren Äußerung der Betroffenen befindlichen Bedürfnissen vorbei. Interpretiert er die Situation und gestaltet eigenverantwortlich bestimmte Assistenzleistungen, könnte sein Verhalten leicht als »Assistenz ohne Auftrag«, als übergriffig und überfürsorglich kritisiert werden. Das Assistenzmodell weist für Menschen, die schwach sind, unselbständig oder einfach nur beschämt sind, dass sie Hilfe brauchen und dies nicht äußern können oder wollen, zu wenig Antworten auf. Es läuft Gefahr, Menschen, die Selbstbestimmung möglicherweise erst mit Hilfestellung erlernen müssen, oder die tatsächlich erst die Vorformen der Mitwirkung und der Mitgestaltung durchlaufen müssen, um ein größeres Maß an Selbstbestimmung zu erwerben, zu übergehen oder an ihren Bedürfnissen vorbei zu handeln. Es bedarf offensichtlich einer genauen Fassung der persönlich-menschlichen wie auch der professionellen Verantwortung des Assistenzerbringers in der Kontaktgestaltung mit dem Assistenzempfänger.

Ethische Fundierung von Inklusion und Assistenz: Die Care Ethik

Die Care Ethik kann als wichtige Untermauerung, teilweise auch als Korrektiv für die Konzepte der Inklusion und der Assistenzerbringung angesehen werden. Eine Verbindung des Inklusionskonzepts und des Assistenzkonzeptes mit dem der Care Ethik könnte eine Ausgestaltung des Inklusionsgedankens und eine Bearbeitung der Schwachstellen des Assistenzkonzeptes erleichtern.

Die Care Ethik ist eine integrative Ethik der sozialen Arbeit, die die zentralen Aspekte einer dem Assistenzempfänger zugewandten Care-Perspektive, im Sinne von Sorge und von Achtsamkeit, in den Gesamtrahmen von Menschenwürde und Selbstbestimmung einbindet. Sie ist aus der feministisch beeinflussten Kritik entstanden, die Bereiche der Sorge, der Fürsorge und der Einsicht in die gegenseitige Verwiesenheit und Angewiesenheit des Menschen in den Bereich des Privaten, des Gefühls, des Religiösen und rollenmäßig meist der Frau zuzuweisen. Die Care Ethik vertritt ein Menschenbild, das auf der Menschenwürde aufbaut, die neben den Freiheitsrechten auch die Schutzrechte einschließt und damit die allgemeine Verpflichtung zu Sorgebeziehungen.[7]

Der englische Begriff Care lässt sich im Deutschen nicht mit einem Wort übersetzen. Er umfasst Begriffe wie »sorgen«, »sich sorgen um«, aber auch »sorgen für«, so dass der Begriff meistens mit einer Aneinanderreihung der Verben sorgen, pflegen, sich kümmern und achtsam sein übersetzt wird. Der deutsche Begriff der Sorge, bzw. der Fürsorge transportiert durchaus ambivalente Bedeutungen. Diese reichen von Überwachung, Bevormundung und Kontrolle bis zu Schutz, Förderung, Achtsamkeit und Unterstützung. Vor diesem Hintergrund neigen viele dazu, in der deutschen Debatte den englischen Begriff Care zu verwenden (ein Beispiel ist die Palliative Care), obwohl es sich lohnen würde, den deutschen Begriff Sorge wieder einzuführen.

In der US-amerikanischen Ethikdebatte wird der Begriff Care als »menschliche Bezogenheit aufeinander« und »Angewiesenheit des Menschen auf den anderen« und auf dessen achtsame Zuwendung verstanden. Die auf diesem Konzept aufbauende Care Ethik stellt die Beziehungen der Menschen untereinander, die Fürsorge, die Verantwortung und die Aufmerksamkeit für den jeweils anderen ins Zentrum der Überlegungen. Ihr zentraler Begriff ist der der Achtsamkeit. Der Begriff der Achtsamkeit wird definiert als Grundhaltung, die Verbundenheit aller Menschen miteinander zu erkennen, einen an deren Bedürfnissen orientierten Kontakt aufzunehmen und eine sorgende Aktivität gerade bei Ungleichheit der Kommunikationspartner zu gewährleisten. Die Asymmetrie der

---

7 Eine gute Einführung und Darstellung der Care Ethik im deutschen Sprachraum bietet: Conradi, Elisabeth (2008): Kosmopolitische Zivilgesellschaft. Wandel zur Weltgesellschaft durch gelingendes Handeln, Göttingen

Sorge-Beziehung gebiete, die jeweilige Besonderheit des Anderen im Blick zu behalten. Darüber hinaus setzt Achtsamkeit auch die Einsicht voraus, dass Menschen füreinander von unermesslicher Bedeutung sind.

Das Konzept der Achtsamkeit in der Beziehungsgestaltung zum Anderen ist damit eine Antwort auf alle einseitig auf Selbstbestimmung orientierende Ansätze der sozialen Arbeit, wenn auch keinesfalls eine Gegenthese dazu und weist dem Care-Geber gleichzeitig eine Verantwortung für sein Handeln zu.

Greift man diese Grundgedanken zur Weiterentwicklung des Assistenzmodells auf, ergeben sich interessante Perspektiven. Positiv betrachtet enthält das Assistenzmodell mit seinem Anspruch der genauen Erhebung und Beachtung der Wünsche, Interessen und Bedürfnisse der Betroffenen im Kern hohe Anforderungen an die Professionalität und die Verantwortung der Assistenten. Richtet man den Blick auf die genaue und angemessene Gestaltung der Situation, in der die Wünsche, Interessen und Bedürfnisse der Betroffenen erhoben werden, so geht es auch hier um die Qualität der Kontaktgestaltung, zu der ein hohes Einfühlungsvermögen (Empathie) und eine Haltung im Sinne von Sorge um den Anderen, ohne Grenzen zu verletzen, und ein Sich-Kümmern, um ihn nicht allein zu lassen, gehören. Achtsamkeit und verantwortliche Beziehungsgestaltung könnten so als Teile einer guten Assistenz verstanden und konzeptioniert werden.

Die amerikanische Politikwissenschaftlerin Joan Tronto, eine der Begründerinnen der Care Ethik, benennt vier Kriterien für die innere Haltung des Care Gebers, die mühelos als Kriterien einer guten Assistenz verstanden werden können:

– attentiveness (Aufmerksamkeit) – meint auch Offenheit und Zugewandtheit, abzugrenzen gegen Überidentifikation auf der einen Seite und Ignoranz auf der anderen Seite

– responsibility (Verantwortlichkeit) – Bereitschaft, die Sorge für andere zu übernehmen

– competence (Kompetenz) – Bereitschaft zu lernen, eigene Grenzen erkennen, abgeben können, professionelle Hilfe da einsetzen, wo sie notwendig sind

– responsiveness (Empfänglichkeit) – Bereitschaft, »sich berühren zu lassen«, ohne zu verschmelzen, abzugrenzen gegen Paternalismus und Missbrauch.[8]

Eine Integration dieser präzisen Bestimmung der notwendigen inneren Haltung in das Assistenzmodell wäre wünschenswert, um den manchmal beobachtbaren Trend zu einer kontaktentleerten Service-Einstellung oder zu Haltungen, auf keinen Fall zu den jeweiligen Asssitenzempfängern persönliche Beziehungen aufzubauen (»Jeder ist austauschbar«) sinnvoll zu überwinden. »Don't turn away from someone in need« wird von der Psychologin Carol Gilligan als Kernaussage des Care-Konzept bezeichnet.[9] Gemeint ist Zuwenden statt Wegsehen. Es geht um ein Sich-Einlassen auf den Anderen, darum, in Beziehung zu gehen, Beziehung zu knüpfen, zu pflegen, zu festigen. Der Mensch wird als stark, autonom und selbstbestimmt, aber gleichzeitig auch als verletzlich, schwach und angewiesen auf Sorge, Hilfe und Unterstützung gesehen. Die Verletzlichkeit wird als spezifische Eigenschaft des Menschen anerkannt und der Mensch mit Behinderung als ein Mensch, der sich selbst und allen anderen diese Verletzlichkeit deutlich vor Augen führt. Achtsame Zuwendung hat seine ethische Begründung in dieser Angewiesenheit des Menschen. Sie macht keine Voraussetzung, dass jemand schon selbstbestimmt lebt oder selbstbestimmt den Weg dazu festlegen kann. Umgekehrt: Selbstbestimmte Handlungen werden oft erst als Ergebnis der achtsamen Zuwendung verstanden. Hier schließt sich der Kreis zur Inklusion. Inklusion kann nur gelingen, wenn diese andere Seite des Menschen anerkannt wird und die Überwindung von Isolation, Einsamkeit und Unaufmerksamkeit, von Gleichgültigkeit und vom Wegsehen durch achtsame Zuwendung gelingt.

---

8 Tronto, Joan (1993): Moral Boundaries. A Political Argument for an Ethics of Care, New York/London, S. 127 ff.
9 Gilligan, Carol, et. Al. (Hg.) (1988): Mapping the Moral Domain, Cambridge/Massachusetts

Die Care Ethik geht davon aus, dass die Erfüllung von Sorge-
verpflichtungen prinzipiell voraussetzungsfrei und ungebunden an
Gegenleistungen ist.

Als eine andere Begründerin der Care Ethik kann die feministische
US-amerikanische Philosophin und Mutter einer schwer behinderten Tochter Eva Kittay angesehen werden. Sie hat sich speziell mit
der Rolle des Care-Gebers, man könnte sagen: des Assistenten,
befasst, mit seinem Umgang mit der Ungleichheit zwischen dem
Care-Empfänger und dem Care-Geber und mit der Motivik,
warum der Care-Geber überhaupt aktiv werden sollte. Sie macht
die Verletzlichkeit und die fundamentale Abhängigkeit des Menschen zum Ausgangspunkt ihrer Philosophie. Als Feministin wendet sich Kittay gegen die Festlegung der Sorgearbeit auf die Frau
und auf das Private in den jeweiligen Familien. Hinsichtlich der
ungleichen Machtverhältnisse zwischen dem Care-Empfänger und
dem Care-Geber spricht sie von einer inversen Abhängigkeit. Der
Gebende ist auch abhängig vom Nehmenden. Die Ungleichheit
sollte nicht weggeredet werden, sondern im Gegenteil zum Ausgangspunkt der eigenen Reflexion werden. Ihre eigenen, sie selbst,
wie sie sagt, fundamental verändernden Erfahrungen als Mutter
einer behinderten Tochter, legt sie zu Grunde und spricht deshalb
authentisch von der Bedeutung der Erfahrung und des Lernens in
der Care-Beziehung. Care erfordert keine Selbstaufopferung, sondern ist neben einer alle betreffenden Verpflichtung auch eine
Möglichkeit der Selbsterkenntnis.[10]
Das Assistenzmodell distanziert sich mit Recht von alten Auf-
fassungen des über den Hilfeempfängern stehenden Helfenden
und von inneren Haltungen der Aufopferung und Entsagung. Der
bloße Ersatz der alten kustodialen Haltungen durch eine Service-
mentalität muss jedoch als grobes Missverständnis der sozialen

---

10 Kittay, E.F. (2006): Die Suche nach einer bescheideneren Philosophie: Mentalen
   Beeinträchtigungen begegnen – herausfinden, was wichtig ist, www.imew.de/IMEW-
   Preis/IMEWPreis 2006

Arbeit zurückgewiesen werden. Ein umfassendes Verständnis einer guten Assistenz könnte mit care-ethischen Betrachtungen zur Ungleichheit von Care-Geber und Care-Empfänger und der lernenden Beziehung zwischen beiden einen neuen Impuls erhalten.

Inklusion – im Sinne von Zugehörigkeit zu einer vielgestaltigen Gesellschaft – ist, soll sie nicht in einer reinen Deklaration von Rechten und Ansprüchen erstarren, auf Care im Sinne einer achtsamen Zuwendung zum jeweils Anderen angewiesen. Auf dem Wege zu einer inklusiven Gesellschaft ist die Care Ethik eine wichtige, wenn nicht unerlässliche Begleiterin.

Klaus v. Lüpke

Inklusion: eine Frage der Kultur*
Thesen zur Inklusionsdebatte in der Behindertenhilfe

1.

Inklusion bestätigt und bekräftigt – in Grundsätzen und in Praxis – die Erkenntnis und Anerkenntnis der Gleichheit aller Menschen in all ihrer Unterschiedlichkeit, der Gleichheit der Verschiedenen. Sie lässt keine pauschalisierende Unterscheidung von Menschen nach dem Motto »Wir und die Behinderten« mehr zu. Für sie gilt das Motto des früheren Bundespräsidenten Richard v. Weizsäcker »Es ist normal, verschieden zu sein.« Damit überwindet sie die einseitige Behindertenfixierung bisheriger Integrationsbemühungen und schafft eine Orientierung an den gemeinsamen Interessen aller.

2.

Inklusion orientiert sich an übergeordneten, die verschiedensten Menschen verbindenden Kulturinhalten, wie z.B. Ehrfurcht vor dem Leben, dialogisches Miteinander, Barmherzigkeit, Liebe. In

---

* Dies ist die Zusammenfassung eines ausführlicheren Beitrages, der in ganzer Länge und in Verbindung mit weiteren Texten in einem eigenen Buch erscheint: Klaus v. Lüpke: Von der Kultur des Zusammenlebens in Vielfalt. Entwicklungsperspektiven inklusiver Behindertenhilfe. Verlag Die Blaue Eule. Essen, 2010.

Orientierung an solchen Inhalten ist eine Kultur des Zusammenlebens zu entwickeln und in vielfaltsgemeinschaftlichen Praxisformen auszugestalten, die niemanden mehr ausschließen. Inklusion ergänzt das Motto »Es ist normal, verschieden zu sein« mit dem zweiten Teil »und es ist gut, in Vielfalt zusammenzuleben«. Das impliziert die Kritik, dass Aussonderung von Menschen in Sonderwelten Kulturverlust bedeutet und Schaden anrichtet – für die Ausgesonderten und für die Aussondernden.

3.

Inklusion ist in vielen Praxisformen vielfaltsgemeinschaftlichen Zusammenlebens zu realisieren und in einem Prozess des learning by doing und des development in action weiterzuentwickeln. Ein exemplarisches Beispiel für die Möglichkeiten und die Bedeutung des Zusammenlebens in Vielfalt und damit geradezu ein Leitbild für Inklusion stellt die Tischgemeinschaft dar: das Zusammensitzen Verschiedener an einem gemeinsamen Tisch, verbunden durch das gemeinsame Genießen des gleichen Essens und Trinkens, durch vielfältige Kommunikation untereinander, durch alle mögliche Aufmerksamkeit füreinander und gegenseitige Hilfeleistung inklusive.

Ein anderes, gleichfalls leitbildfähiges Beispiel inklusiven Miteinanders stellt ein vielfaltsgemeinschaftlicher Chor dar. Die unterschiedlichsten Menschen mit und ohne Behinderung und mit unterschiedlichen Fähigkeiten im Singen beteiligen sich alle aus gleicher Freude an der Musik und an der Gemeinschaft des Singens sowie an gemeinsamen Auftritten für andere. Oder die etwa 30-köpfige Trommelgruppe, in der der Telekom-Manager neben dem Menschen mit Autismus oder der Trommler mit Down-Syndrom neben dem Arzt seine Kraft im Trommeln entfaltet und ins gemeinschaftliche Trommeln einbringt und Kraft aus dem Gemeinschaftlichen zurückgewinnt ... Oder die Fußballgruppe, in der alle mit ihren unterschiedlichsten Leistungsmöglichkeiten einfach Spaß am Spiel und Zusammenspiel haben ...

4.

Inklusion braucht mehr als den ehrenamtlichen Einsatz in Sonderwelten, bei Inklusion geht es um die Beteiligung an den zwischenmenschlichen Beziehungen in den uns nah umgebenden Lebens-
welten. Ehrenamtliche Betätigung kann ein Anfang sein, doch sollte weitergehen und hineinführen in die Beteiligung an den Formen
inklusiven Zusammenlebens. Aus Ehrenamtlern können und sollten gute Nachbarn, hilfreiche Kollegen, verlässliche Freunde werden. Statt einseitig fürs Ehrenamt zu werben, sollten immer mehr
Menschen dazu angeregt und ermutigt, darin gestärkt und unterstützt werden, sich – auf der Grundlage gleicher Interessen – als
Angehörige, als Freunde, als Nachbarn, als Kollegen zu engagieren, und dadurch immer mehr Anteil gewinnen an der bereichern-
den Kultur inklusiven Zusammenlebens.

In einem langweilig normalen Appartementhaus lebte ein Mann
mit psychischen Problemen, die sich darin äußerten, dass er
besonders nachts laute Reden hielt, manchmal schreiend laute
Reden, einsame Reden, allein in seiner Wohnung oder auf seinem
Balkon oder auch draußen auf den Straßen. Die Nachbarn, fleißig
ihrer Arbeit nachgehende Menschen, auch strebsame Studenten,
manche im Examensstress, fühlten sich je länger, desto mehr
gestört und taten sich zusammen, um eine Räumungsklage gegen
ihren Nachbarn einzureichen. Nur einer, ein junger Mann, der das
Appartement über ihm bewohnte, beteiligte sich nicht daran, sondern lud ihn ab und zu zum Frühstück ein, zu einem gemütlichen
Frühstück mit nachbarschaftlichem Gespräch. Auf die Frage,
warum er das mache, sagte er: »Kaffeetrinken tue ich sowieso und
wenn ich Zeit habe, trinke ich meinen Kaffee auch gerne mal mit
anderen zusammen. Das ist doch nichts Besonderes, das machen
wir bei uns zu Hause einfach so.« Er kam aus (dem damaligen)
Jugoslawien. Nach solchen Frühstücken waren die Tage und
Nächte ruhiger im Haus. (Aus einem Film von Luc Jochimsen)

5.

Inklusion braucht Inklusionshelfer: in der Form von beruflichen, bezahlten, solidarisch finanzierten Unterstützungskräften – Alltagshelfern, Assistenten, Fachkräften – und diese in ausreichender Anzahl. Inklusionshelfer haben die persönlichen Beziehungen und das Gemeinschaftsleben so zu unterstützen und sich selber so daran auch zu beteiligen, dass das vielfaltsgemeinschaftliche Zusammenleben in Familien, in Wohngemeinschaften, in Mehrgenerationennachbarschaften, in gemeinsamen Schulen, in inklusiven Arbeitsbetrieben und Freizeitgruppen ohne Überbelastungen der Beteiligten gelingen kann. Es muss eine soziale Infrastruktur an Unterstützungskräften aufgebaut werden, die das bunte Zusammenleben in Vielfalt so nah und zuverlässig, so tragend und haltend durchzieht wie die Kettfäden ein buntes Gewebe.

Deutlich ist das am o.g. Beispiel des Chores zu erkennen. Damit das gemeinsame Singen zum Spaß aller Beteiligten gelingt, braucht solch ein Chor einerseits eine Fachkraft fürs Dirigieren und fürs systematische Üben und andererseits verlässliche Helferkräfte als Assistenten für einzelne Beteiligte mit Behinderung. Sicherlich: Manches an Hilfeleistung für Chormitglieder mit Behinderung ist möglich und soll möglich sein durch die nichtbehinderten Beteiligten, die zwar nicht primär zum Helfen dabei sind, sondern aus Spaß am Singen, aber einfache Hilfeleistungen selbstverständlich und inklusiv erbringen. Doch um sie nicht übermäßig zu beanspruchen oder auch weil mancher Hilfebedarf auch schwierig sein kann, brauchen manche Menschen mit Behinderung einen Assistenten oder Alltagshelfer: für den Weg zum Chor und zurück, zur Hilfestellung im Chor selber, für Hilfe auf der Toilette, für Hilfe in Konflikten u.a. Am Beispiel des Chors wird aber auch deutlich, dass diese Inklusionshelferkräfte nicht nur Unterstützer, sondern auch Partner sein sollen. Sie dürfen und sollen auch selber Spaß am Singen haben. Ohne das wären sie nicht hilfreich. Gleiches gilt für den Bedarf an Fachkräften und an Integrationshelfern/Inklusionshelfern in gemeinsamen Kindergärten und im gemeinsamen Unterricht an Regelschulen, in integrativen Betrieben, in Wohngemeinschaften und Nachbarschaften.

6.

Inklusion braucht Bildung: eine Erweiterung und Vertiefung der Allgemeinbildung. Dazu sollte die Beschäftigung mit den Kulturinhalten – Ehrfurcht vor dem Leben, dialogisches Miteinander, Barmherzigkeit, Liebe – zu einem Grundlagenfach gemacht werden und Vorrang vor reinen Wissensfächern bekommen. Damit verbunden sollte es ein allgemeinbildendes Praxisfach geben: zur Einübung des Helfens, des Pflegens, des Begleitens, des Wohltuns als Sprache des Zwischenmenschlichen und als Ausdruck inklusiver Kultur. Und beide, dieses Grundlagenfach und dieses Praxisfach, sollten eingebracht werden: in alle Schulen und in ein nachschulisches soziales Praxisjahr oder Bürgerjahr und in die Ausbildung der professionellen Unterstützungskräfte.

Schon beim Freiwilligen Sozialen Jahr und beim Zivildienst, doch ganz besonders und ausdrücklich gewollt geht es beim Essener Bürgerjahr (Soziales Praxisjahr mit Bürgereinkommen) nicht nur um Hilfeleisten für Menschen mit einem Hilfebedarf, sondern immer auch um das Lernen aus dem eigenen Tun. Die Intensität des learning by doing qualifiziert das Bürgerjahr zu einer Praxisschule der Solidarität, der Bürgerschaftlichkeit, der Menschlichkeit: »Ich kann gar nicht beschreiben, wie schön es für mich war ... Diese bunte Mischung von den verschiedensten Menschen bringt nicht nur Farbe, Vielfältigkeit in ein Haus, sondern Integration im wahrsten Sinne des Wortes. So wird sie gelebt. Das ist die einmalige Chance der Bürgerarbeit, dies aufzuzeigen.« »... und ich kann nur jedem empfehlen, hier in der Zusammenarbeit mit behinderten Menschen Erfahrungen zu sammeln – für den Beruf und vor allem: für das Leben«.

7.

Inklusion verändert die Zielrichtung von Teilhabe und Teilnahme. Es geht nicht mehr um Teilhabe von Menschen mit Behinderung am gesellschaftlichen Zusammenleben der Nichtbehinderten, sondern es geht um Teilhabe aller Verschiedenen an inklusiver Kultur, an vielfaltsgemeinschaftlichen Lebensformen und multifunktionalen Zusammenarbeitsformen. Es geht dabei darum, dass sich alle Menschen in all ihrer Unterschiedlichkeit als Teile des größeren gemeinsamen Ganzen der – von Ehrfurcht vor dem Leben, dialogischem Miteinander, Barmherzigkeit, Liebe geprägten – Inklusionskultur verstehen und erfahren.

Die Stadtteilcafé-Projekte der Aktion Menschenstadt Essen sind integrative/inklusive Arbeitsprojekte. Ihre besondere Qualifikation dafür entsteht aus ihrer Multifunktionalität oder Mehrfachzielorientierung. Dadurch sind sie keine Sondereinrichtung, sondern ein Betrieb, in dem viele Verschiedene zusammenarbeiten. Die gemeinsame Arbeit dient dem Café-Betrieb und einer bunten Palette von soziokulturellen Veranstaltungen in den Café-Räumen und vermittelt darüber hinaus auch noch alle möglichen Beratungsangebote. Die individuell erforderliche Hilfeleistung für die beteiligten Menschen mit Behinderung ist inklusiver Bestandteil der gemeinsamen Praxis.

8.

Inklusion ist keine Planerfüllung, sondern Leben in Vielfalt und voller Überraschungen. Jede Begegnung bietet neue Anregungen, Chancen, Herausforderungen, Aufgaben und Ermutigungen. Immer wieder finden sich Menschen, die persönliche Erfahrungen mitbringen, die besondere Fähigkeiten haben, mitzufühlen, fröhlich zu machen, mitzuhelfen, die wohltuende Herzlichkeit entfalten und sich wie ein Geschenk in die Gemeinschaft mit anderen einbringen. Die Fülle von Beziehungen zwischen den verschiedensten Menschen schon einer kleinen Wohngemeinschaft zum Beispiel, mit all den gegenseitigen Anregungen und Herausforderungen, Ermutigungen und Tröstungen, Hilfen und Wohltaten ist in keinem Soziogramm auch nur annähernd zu erfassen. Und die Fülle an Überraschungen, die das Leben und Zusammenleben in Vielfalt mit sich bringen, ist von keinem Lehrbuch zu erfassen. Wohl aber sind Geschichten davon zu erzählen.

Es ist mehr Leben am Tisch, es bringt ganz einfach mehr Spaß, wenn sich eine Kleinfamilienrunde am Küchentisch erweitert: wenn erstens die Oma zu Besuch da ist, mit der man wegen ihrer Schwerhörigkeit schon etwas lauter reden muss, die aber auch dann, wenn sie nicht verstanden hat, mit gütiger Geduld immer freundlich »ja« antwortet; wenn zweitens ein Freund als Gast mit am Tisch sitzt, der zufällig eine geistige Behinderung hat, der viel Freude am Essen hat und der immer wieder, wenn es ihm besonders schmeckt, der Hausfrau seine Liebe versichert, immer wieder »Ich liebe dich!« ausruft, dann aber auch die Kinder fragt, ob sie schon Hausaufgaben, schon Mathe und Latein fertig hätten, aus dem sicheren Gefühl heraus, dass das wohl etwas Leidvolles sein muss, und weil er gerne mit ihnen Kinopläne machen möchte; und drittens seine Mutter mit dabei ist, die sich nach dem Oberschenkelhalsbruch auf Krücken stützt, und die gerne erzählt von all dem, was ihr in den letzten Tagen begegnete. Da ist es laut, da wird gelacht, da wird geschimpft und gestritten, da wird über Probleme gesprochen, da wird erzählt und wieder gelacht. Die Kinder bleiben freiwillig am Tisch sitzen, auch wenn sie mit dem Essen längst fertig sind.

Was für eine Fülle von anregenden, ermutigenden, hilfreichen, wohltuenden Kontakten ist zu erschließen durch eine Mehrgenerationen-Nachbarschaft um einen kleinen, kommunikativen Innenhof herum: eine Nachbarschaft von z.B. acht Wohneinheiten für Familien mit Kindern, für Alleinstehende, für einzelne alte Menschen, für eine kleine Wohngemeinschaft mit Menschen mit Behinderung ..., mit alltäglichen Grußbegegnungen, mit kleinen Hilfeleistungen, mit gemeinsamen Mahlzeiten vielleicht einmal im Monat und mit einem Nachbarschaftsfest hin und wieder ...

9.

Inklusion beinhaltet die Wiederentdeckung und Wiederaneignung des »Sozialen« als das Menschliche und als Gemeinwohlgut, das von allen zu pflegen und zu mehren ist. Um diese Bedeutung von Inklusion für alle Menschen zu bekräftigen, sollte ein neuer Wohlstandsbegriff gültig werden: ein Wohlstandsbegriff, der nicht nur den Reichtum an privatem Besitz misst, für den vielmehr die Vermehrung des Reichtums an Menschlichkeit und an Gemeinwohlgütern und die Verbesserung des sozialen Klimas entscheidend ist.

10.

Inklusion heißt, miteinander, in Gemeinschaft verschiedenster Menschen zu leben, in Ehrfrucht vor dem Leben eines jeden, in dialogischen Wechselbeziehungen, in Barmherzigkeit mit sich selbst wie mit anderen und in herzlicher und tätiger Liebe zusammen zu leben und dies zu einer alle verbindenden, die Gesamtgesellschaft prägenden Kultur auszubauen.

Wenn zur Gemeinschaft der Verschiedenen, in der Du als Mensch lebst, ein Mensch mit Behinderung dazugehört, dann begegne ihm mit der gleichen Liebe wie allen anderen auch und sieh zu, dass er sich an Eurem Tisch wohlfühlt und dass es ihm gut geht. Dann wird es auch Dir gut gehen. Das ist Inklusion.

Georg Theunissen

Inklusion – für die Behindertenarbeit kritisch buchstabiert

Von der Integration zur Inklusion

Bislang wurde im Rahmen der hiesigen Debatte über Inklusion behinderter Menschen der vorschulische und schulische Erziehungs- und Bildungsbereich fokussiert. Erfreulich ist es, dass nunmehr immer mehr Fachleute aus dem Lager der Heil- und Sonderpädagogik (z. B. Boban & Hinz 2009) auch weitere (alle) Lebensbereiche, vor allem das gesellschaftliche Leben im Erwachsenenalter, mit in den Blick nehmen und dabei Überlegungen aufgreifen, wie wir sie schon in den 1990er Jahren unter Stichwörtern wie *lebensweltbezogene Behindertenarbeit* und *Empowerment* dokumentiert haben. Von zentraler Bedeutung ist dabei unser Verständnis von Inklusion, welches mit *Nicht-Aussonderung* oder *unmittelbare Zugehörigkeit* umschrieben wird.

Diese Auslegung korrespondiert mit dem Grundanliegen der kürzlich verabschiedeten UN-Konvention über die Rechte behinderter Menschen, in der die »Stimme der Betroffenen« (Empowerment) den fühlbaren Hintergrund bildet. Scharf kritisiert werden muss in dem Zusammenhang die deutschsprachige Übersetzung der Konvention, in der Inklusion durch »Einbeziehung« oder »Integration« ersetzt wurde. Das hat an mehreren Stellen zu inhaltlichen Verzerrungen geführt, die die Intention der UN-Konvention verfehlen. So macht es zum Beispiel einen Unterschied, wenn anstelle von »being included in the community« (Artikel 19) von »Einbeziehung in die Gemeinschaft« gesprochen wird. Haben wir es im Original mit einer unmittelbaren gesellschaftlichen Zugehörigkeit behinderter Menschen zu tun, so wird in der deutschsprachigen Variante aus einer »Außenperspektive«, aus der Position eines nichtbehinderten Menschen bzw. einer mächtigen, handlungsbestimmenden Instanz argumentiert. Anders gesagt: Von einer Einbeziehung kann nur der sprechen, der sich am Pol der Macht befindet. Genau das aber will die UN-Konvention durch das Zusammenspiel von Inklusion, Partizipation und Empowerment vermeiden.

Was die Gleichschaltung von Inklusion und Integration betrifft, so haben wir es hier mit Unkenntnis und Missverständnissen zu tun, auf die wir am Beispiel des Wohnens behinderter Menschen im Erwachsenenalter kurz eingehen möchten (genauere Ausführungen dazu Theunissen 2009; Schwalb & Theunissen 2009).

In der Regel wird Integration mit Blick auf das Wohnen und Leben in der Gesellschaft, begrifflich verkürzt, nur als Eingliederungs- oder Input-Prinzip ausgelegt (nicht etwa als »Wiederherstellung eines Ganzen«). Das aber führt auf handlungspraktischer Ebene zur Vernachlässigung des Kontextes und subjektiv bedeutsamer Sozialisationschancen. Zudem geht mit dem Input-Prinzip die Vorstellung einher, dass es zwei Welten gibt: zum einen die Welt der behinderten Personen und zum anderen die der nichtbehinderten, die als Normalität und Norm für alle erklärt wird. Darüber hinaus setzt Integration im Sinne von Eingliederung eine Ausgrenzung voraus (z. B. durch Sonderschulen, Werkstätten für behinderte Menschen, Heime). Ein weiteres Symptom ist die Gepflogenheit, vom grünen Tisch aus Dienstleistungssysteme und Angebote zu planen und zu implementieren. Eine solche Top-down-Praxis geht nicht selten an den Interessen von behinderten Menschen vorbei. Das gilt gleichfalls für die Profi-Zentrierung, die mit der Top-down-Praxis eng verknüpft ist. Ferner scheint vielerorts die Vorstellung, dass gesellschaftliche Integration (z. B. »betreutes Wohnen«) nur für behinderte Menschen mit einem relativ hohen Grad an Selbstständigkeit in Betracht zu ziehen sei, noch weit verbreitet zu sein. Menschen mit schweren (kognitiven) Beeinträchtigungen gehören demnach ins Heim, welches als Regeleinrichtung betrachtet wird.

Der Begriff der Inklusion wird hingegen, abgeleitet von der etymologischen Wortbedeutung, mit dem Verständnis einer Gesellschaft in Verbindung gebracht, in der jeder Mensch das Recht hat, als vollwertiges und gleichberechtigtes Mitglied anerkannt zu werden. Inklusion als unmittelbare Zugehörigkeit bezieht sich dabei nicht nur auf Menschen mit Behinderungen, sondern ebenso auf andere sozial marginalisierte Gruppen. Hiermit wird das Leben in einer multikulturellen Gesellschaft in den Blick genommen, in der die Verschiedenheit von Menschen und die Verwirklichung individueller Lebensentwürfe in einem sozial verträglichen Ganzen akzeptiert und unterstützt werden. Ein solches Leben in Inklusion kennt folgerichtig keine Zwei-Welten-Theorie. Es setzt voraus, dass allgemeine soziale und kulturelle Systeme für alle Mitglieder der Gemeinde verfügbar und zugänglich sein müssen. Durch die Schaffung und Sicherung barrierefreier Zugänge sollen zugleich Prozesse einer Selektion und Separation vermieden werden. Die Ausgrenzung sogenannter »integrationsunfähiger« (schwerstbehinderter) Personen wird somit obsolet. Inklusion legt einen Sozialraum zugrunde, in dem jede Person, die hilfebedürftig ist, angemessene Unterstützung erfahren soll, sodass sie sich durch selbstbestimmte Aneignung ihrer Lebenswelt und Partizipation zugehörig, wohl fühlen und verwirklichen kann. Hierzu ist es unabdingbar, nicht nur individuelle Ressourcen, sondern ebenso soziale zu erschließen und zu nutzen. Dazu bedarf es einer bürgerzentrierten Arbeit und Netzwerkförderung, die kein Beiwerk, sondern eine Hauptaufgabe auf handlungspraktischer Ebene sind. Werden Rechte auf Selbstbestimmung, Partizipation und Unterstützung zur Maxime von Inklusion erklärt, müssen Interessen und Angebote aus der Betroffenen-Perspektive gegenüber einer verbands- oder profi-zentrierten Top-down-Politik priorisiert werden. Zeitgemäße, häusliche Wohnformen, so wie sie sich Betroffene wünschen, gelten demnach gegenüber Heimen als Regelsysteme.

Alles in allem dürfen wir schlussfolgern, dass es zwischen Integration und Inklusion qualitative Unterschiede gibt, die eine Gleichschaltung beider Begriffe verbieten. Inklusion setzt dabei Integration aber nicht außer Kraft, dies angesichts der Tatsache, dass zum Beispiel immer mehr Menschen mit Behinderungen nicht ausgesondert in einem Heim, sondern in der eigenen Wohnung inmitten der Gesellschaft leben möchten. Um ihre gesellschaftliche Eingliederung (Integration) fruchtbar werden zu lassen, gilt es allerdings im Sinne von Inklusion zu verfahren, d. h. allen behinderten Menschen das Recht auf gesellschaftliche Zugehörigkeit zu ermöglichen, in eine »Sozialraumarbeit« (z. B. Förderung und Unterstützung informeller Netzwerke; Community Care; Barrierefreiheit) zu investieren und vor allem kontext- und bürgerzentriert zu denken, zu planen und zu handeln.

Wenngleich wir es hier mit einem verheißungsvollen Programm zu tun haben, ist zugleich eine (selbst)kritische Betrachtung des Leitgedankens der Inklusion geboten, um der Gefahr eines Realitätsverlusts durch visionäres Denken vorzubeugen. Hierzu möchte ich fünf Aspekte herausgreifen, die zu einer kritischen Reflexion und steten Wachsamkeit gegenüber einem Euphemismus und Fehlentwicklungen herausfordern.

1. Zum Verhältnis von Inklusion und Exklusion

Die mit der Leitidee der Inklusion einhergehende Vorstellung einer Gesellschaft, in der alle Menschen mit Behinderungen uneingeschränkt willkommen sind, ist visionär, und es stellt sich die Frage, ob eine solche Gesellschaft überhaupt existiert oder erreicht werden kann. Aus soziologischer Sicht wird eine Gesellschaft häufig als funktional-differenziert beschrieben, welche aus Teilsystemen besteht, die in einem funktionalen Zusammenhang stehend reziprok miteinander kommunizieren und sich in größere, übergeordnete und kleinere Subsysteme, in Makro- und Mikrosysteme ausdifferenzieren lassen. Diese verschiedenen Teil- bzw. Funktionssysteme erzeugen Inklusion und Exklusion, wobei die Sonderinstitutionen mit Blick auf die Frage der gesellschaftlichen Teilhabe behinderter Menschen eine Paradoxie darstellen, indem sie sich selbst als rechtlich kodifizierte Einrichtungen der gesellschaftlichen Teilhabe definieren, durch ihre Existenz aber Exklusion erzeugen und mit ihrem Auftrag Teilhabe ermöglichen sollen (z. B. WfbM).

An dieser Stelle gilt es zu fragen, welche Konsequenzen sich daraus für die Vorstellung einer »inklusiven Gesellschaft« ergeben, die sich der Idee nach auf ein gesellschaftliches System bezieht, dessen Funktionssysteme mit allgemeinem Charakter für alle offen sein bzw. jedem Einzelnen die Option bieten sollten, selbst über die Inanspruchnahme eines Teilsystems (z. B. Wahl zwischen einer Unterstützten Beschäftigung auf dem Ersten Arbeitsmarkt oder einer Arbeit in einer WfbM) zu entscheiden. Grundsätzlich können wir davon ausgehen, dass nicht jeder Bürger Mitglied jedes Teilsystems sein kann, wohl aber kann er auf alle (größeren) Funktionssysteme Einfluss nehmen (z. B. durch Ausübung des Wahlrechts auf die Politik, als Fernsehkonsument auf die Medien) oder versuchen, in möglichst vielen oder einflussreichen Funktionssystemen Mitglied zu werden. Das erhöht seine gesellschaftliche Position in einer »inklusiven Gesellschaft« und verpflichtet ihn zugleich zu erhöhter sozialer Verantwortung gegenüber jenen, die sich nicht am Pol der Macht befinden oder kaum Möglichkeiten und/oder Ressourcen haben, handlungsbestimmend auf gesellschaftliche Prozesse Einfluss nehmen zu können. An anderer Stelle habe ich diesen Aspekt an einem Beispiel erläutert (vgl. Theunissen 2009, S. 22), welches uns vor Augen führt, dass sozio-kulturelle Partizipation und Inklusion nur »auf der Ebene der Teilsysteme möglich« ist (Kulig zit. in: Theunissen & Schirbort 2006, S. 53). Vor allem Armut und Behinderung stellen ein erhebliches Exklusionsrisiko dar, dem die Behindertenhilfe als Teilsystem der Sozialen Arbeit durch Parteinahme und offensives Engagement in kollaborativer Allianz mit den Betroffenen zu begegnen hat.

2. Zur Gefahr der politischen Vereinnahmung und Dekapitierung

Das Thema der Inklusion findet auch im Bereich der Politik immer mehr Zuspruch. Allerdings trägt diese Aufgeschlossenheit ein Janusgesicht, wenn sie mit dem Interesse, Sozialausgaben einzusparen, eng verknüpft ist. Dieses Ziel ist nicht unredlich, aber es darf nicht zu Billiglösungen, riskanten Folgeerscheinungen einer Ambulantisierung (z. B. Verwahrlosung) oder Konzentration von Personen mit hohem Unterstützungsbedarf in Heimen führen. In dem Falle hätten wir es mit einer dekapitierten Reform zu tun, die dem integrativen Input-Prinzip entspricht und Inklusion zu einer Leerformel gerinnen lässt.

3. Zur Vermarktung der Behindertenhilfe

Nachdem vor einigen Jahren die Sozialpolitik den Markt für die Behindertenhilfe entdeckt hat, wird ein Prozess gefördert, der die bisherige selbstbezügliche und selbstgenügsame Wohlfahrtspflege durch das freie Spiel von Angebot und Nachfrage ersetzen soll. Dabei gilt der Wettbewerb als Kernstück einer freien Marktwirtschaft. Ist ein Wettbewerb das Mittel und nicht bloßer Zweck, sollte er nicht grundsätzlich abgelehnt werden. Allerdings kann er diese Funktion zum Vorteil von Menschen mit Behinderungen nur dann erfüllen, wenn er Rahmenbedingungen und einer sozialen Kontrolle unterworfen ist, die ein von Eigeninteressen bestimmtes Denken, Planen und Handeln der Anbieter begrenzen. Genau solche Möglichkeiten werden bislang im Sinne von Inklusion staatlicherseits nicht genutzt. Daher ist das Marktprinzip vielerorts durch (private) Billiganbieter aus dem Ruder geraten. Zudem mangelt es aber auch häufig an einem Wettbewerb, sodass für Menschen mit Behinderungen keine Wahlmöglichkeiten bestehen. Vielmehr sind sie abhängig von dem, was in ihrem Umfeld angeboten wird. Etablierte Verbände versuchen solche Situationen nicht selten zu ihren Gunsten auszunutzen, um möglichst lange

Macht und Einfluss aufrechtzuerhalten. Eine Vermarktung der Behindertenhilfe kann daher für eine Inklusion nur in Betracht gezogen werden, wenn sie an Grundsätzen moderner Behindertenarbeit gebunden wird, die vor allem durch das Empowerment-Konzept repräsentiert werden.

4. Zur entsolidarisierten, egozentrierten Bürgergesellschaft

In den letzten Jahrzehnten haben entstrukturierte, individualisierte Lebensformen an Bedeutung gewonnen. Sie sind Ausdruck eines emanzipativen Freisetzungsprozesses, der hierzulande durch sozialstaatliche Absicherungen der Lebensexistenz begleitet wurde, sodass private Solidargemeinschaften, Nachbarschaftshilfen u. Ä. weithin entbehrlich wurden. Zugleich verlor das bisherige institutionalisierte Ehrenamt in Verbänden der Wohlfahrt seinen Selbstverständlichkeitscharakter.

Vor dem Hintergrund dieser Entwicklung ist nunmehr der einzelne Bürger in hohem Maße gefordert, seinen eigenen Lebensweg zu managen und in Notlagen sich selbst um sozialstaatliche Hilfe zu kümmern, ohne sich dabei auf ein informelles soziales Netz an Unterstützung verlassen zu können. Viele Bürgerinnen und Bürger haben nämlich inzwischen das freiwillige soziale (nachbarschaftliche) Helfen »verlernt« und nicht wenige zeigen heute ein gewisses Maß an sozialer Gleichgültigkeit und Kälte. Wir haben es hier mit einer Schattenseite der Individualisierung zu tun, die als entsolidarisierte, egozentrierte Bürgergesellschaft zutage tritt und für eine »inklusive Gesellschaft« kontraproduktiv ist.

Hinzu kommt, dass in den letzten Jahren der Staat sein soziales Versorgungspaket immer enger schnürt und, wohl wissend um die Gefahr der Entsolidarisierung, seine bisherigen sozialen Hilfen, Leistungen und Aufgaben dem Ideal einer Bürgergesellschaft, hier repräsentiert durch bürgerschaftliches Engagement und Hilfe zur Selbsthilfe, überantwortet. Genau an dieser Stelle prallen zwei Erscheinungen aufeinander, die sich antinomisch gegenüberstehen: Eine neoliberale »Ego-Gesellschaft« und das politische Bemühen um eine (Wieder-)Gewinnung von Solidarität, Gemeinsinn und ziviler Verantwortlichkeit. Wenngleich es schwierig ist, diese Paradoxie im Interesse von Inklusion aufzulösen, dürfen Anstrengungen im Sinne der UN-Konvention nicht ausbleiben, breite Teile der Bevölkerung für Belange behinderter Menschen zu sensibilisieren. Dabei kann ein gewisses Maß an freiwilligem Engagement durchaus geweckt werden, wenn individuelle Wünsche berücksichtigt, die Suche nach persönlichem Lebenssinn in informelle Unterstützungsoptionen eingebunden, Selbstbestimmung ermöglicht, persönliche Zeitplanungen akzeptiert, die Hilfeleistungen honoriert wie auch Gegenwerte (z. B. Erwerb von Qualifikationen) angeboten werden.

Ein weiterer Aspekt, den wir nicht ausblenden dürfen, bezieht sich auf die Reaktion jener Personen, die unter einer egozentrierten Bürgergesellschaft und ihrer sozialen Kälte zu leiden haben, sich in Empowerment- oder Selbstvertretungsgruppen zusammenschließen und ihre soziale (Problem-)Lage nicht einfach hinnehmen wollen. Solche Initiativen gilt es zu unterstützen und sie sind dort zu fördern, wo Schwierigkeiten einer Selbstorganisation bestehen, zum Beispiel bei Menschen mit Lernschwierigkeiten (geistiger Behinderung), die bislang kaum durch informelle Netzwerke unterstützt werden.

5. Zur Selbstverzweckung des Systems der Behindertenhilfe

Ein fünftes Problem, das der Inklusion im Wege steht und ihre Umsetzung erheblich erschwert, ist die Selbstverzweckung des Systems der Behindertenhilfe. Sie hat mit ihrem (omnipotenten) Anspruch bzw. der Vorstellung, für alle behinderten Menschen zuständig sein zu müssen, ein hochspezialisiertes Besonderungs- und Sondersystem entwickelt und aufgebaut, welches inzwischen aus vielerlei Gründen auf Grenzen gestoßen ist. Für eine »inklusive Gesellschaft« ist vor allem die Wirkung, die dieses System erzeugt, kontraproduktiv – verleitet doch gerade das Vorhandensein spezialisierter Sondereinrichtungen die gesellschaftlichen

Regelsysteme dazu, sich aus der sozialen Verantwortung und aus Aufgaben herauszuhalten. So werden zum Beispiel nach wie vor Angebote der Erwachsenenbildung für Menschen mit Lernschwierigkeiten in erster Linie von Einrichtungen der Behindertenhilfe organisiert. Folglich sollte im Sinne von Inklusion ein Abbau von Sondereinrichtungen oder -diensten zugunsten sozialer Systeme, die für alle zugänglich sein können, angestrebt werden. Hierzu müssen die Anbieter aus dem Bereich der Behindertenhilfe und des allgemeinen Dienstleistungssektors aufeinander zugehen, ihre Berührungsängste ablegen, miteinander kommunizieren und ein »cross-staff-learning« (d. h. gemeinsame Schulungen, Fortbildungen o. Ä. mit gegenseitigem Informationsaustausch und Kompetenztransfer) in den Blick nehmen.

Schlussbemerkung

Da der Begriff der Inklusion wie viele andere Schlagwörter in der Gefahr steht, zu einer Ideologie und Leerformel zu gerinnen, ist es wichtig, nicht nur genau anzugeben, was mit Inklusion gemeint ist, sondern ebenso kritische Rückfragen zu stellen. Hierzu wurden fünf Schlüsselprobleme reflektiert. Dabei wurde deutlich, dass der Weg zu einer »inklusiven Gesellschaft« sehr steinig ist, nichtsdestotrotz lohnt es sich, Inklusion zu projektieren und anzuvisieren.

Literatur:
Boban, I.; Hinz, A.: Inklusive Werte in allen Lebensbereichen realisieren, in: Gemeinsam leben, 2/2009, 92-99
Schwalb, W.; Theunissen, G. (Hg.): Inklusion, Partizipation und Empowerment in der Behindertenarbeit. Best-Practice-Beispiele: Wohnen – Leben – Arbeiten – Freizeit, Stuttgart 2009
Theunissen, G.: Empowerment und Inklusion. Eine Einführung in Heilpädagogik und Soziale Arbeit, Freiburg 2009 (2. Aufl.)
Theunissen, G.; Schirbort, K. (Hg.): Inklusion von Menschen mit geistiger Behinderung, Stuttgart 2006

Holger Wittig-Koppe

Wider die sozialstaatliche Kolonialisierung des bürgerschaftlichen Engagements

Zur Verständigung über das, worüber wir reden

Inklusion zu verstehen ist ganz einfach. Sie bedeutet nichts anderes, als dass Menschen mit einer Behinderung – oder welchem Anderssein auch immer – dort leben, feiern, tanzen, arbeiten, wo alle anderen es auch tun. So leicht und simpel der Satz daher kommt, er hat es in sich. Er unterstellt, dass jeder Mensch, so sehr sich seine Ressourcen von denen der mehrheitsgesellschaftlichen Dominanzkultur auch unterscheiden mögen, selbstbestimmter und gleichberechtigter Bürger ist. Punktum. Im Gegenzug unterstellt dies aber auch die Bereitschaft der Mehrheitsgesellschaft, sich durch inklusive Minderheitenkulturen zu verändern.

Spätestens an dieser Stelle wird deutlich, dass Inklusion nicht nur ein Thema sozialer Arbeit oder gar nur der Behindertenhilfe ist. Inklusion zielt auf einen Traum über das Zusammenleben aller Menschen in einer Gesellschaft. Mit dem derzeitigen Diskurs um Inklusion wird also auch die Frage aufgeworfen: Wie wollen wir in dieser Gesellschaft künftig zusammenleben?

Hier verknüpft sich die Diskussion um Inklusion mit dem Diskurs um Bürgergesellschaft und bürgerschaftliches Engagement. Ebenfalls ein Diskurs, der Träume zulässt. Träume darüber, wie eine Gesellschaft denkbar ist jenseits der Legitimations- und Steuerungskrisen von Politik und Wirtschaft.

Ich finde, die Verknüpfung von Inklusion und Bürgergesellschaft ist notwendig und hilfreich. Aber auch gefährlich. Da Themen wie Bürgergesellschaft und bürgerschaftliches Engagement inzwischen feste Bestandteile des politischen Jargons nicht nur der selbst ernannten bürgerlichen Parteien, sondern auch der eher sozial-staatlich-etatistisch orientierten Parteien geworden ist, ist ein gewisses Misstrauen geboten. Möglicherweise ist der Verweis auf Bürgerverantwortung nur der Versuch, die organisierte Unverant-wortlichkeit der politischen Systeme zu kaschieren.

Wenn es im Sozialen um die Rückgabe von Verantwortung an die Bürgerinnen und Bürger geht, dann brauchen wir nicht die Miss-brauchsdebatten um Sozialleistungen, die mit der Agenda 2010 so modisch geworden sind, dann brauchen wir eine Missbrauchs-debatte um das bürgerschaftliche Engagement.

Kolonialisierung des bürgerschaftlichen Engagements

Spätestens seit dem Jahre 1999, als der Deutsche Bundestag die Enquete-Kommission »Zukunft des bürgerschaftlichen Engage-ments« eingesetzt hat, ist deutlich geworden, dass die Themen Bürgergesellschaft und bürgerschaftliches Engagement in der Mit-te des politischen Systems angekommen sind. Kaum eine politi-sche Rede, in der nicht Bezug genommen wird auf das Leitbild der Bürgergesellschaft, wie es die Enquete-Kommission für ihre Arbeit zugrunde gelegt hat: »Im Spannungsfeld von Markt, Staat und Familie wird Bürgergesellschaft überall dort sichtbar, wo sich frei-willige Zusammenschlüsse bilden, wo Teilhabe- und Mitgestal-tungsmöglichkeiten genutzt werden und Bürgerinnen und Bürger Gemeinwohlverantwortung übernehmen.« (Enquete-Kommission »Zukunft des Bürgerschaftlichen Engagements«, Bericht Bürger-schaftliches Engagement: auf dem Wege in eine zukunftsfähige Bürgergesellschaft, Opladen 2002, S. 15 f.)

Bevor wir das verdammt ernst zu nehmende Leitbild einer Bürgergesellschaft ein wenig mit dem rauen Alltag der Engagementspolitik bürsten, sei mir der Hinweis gestattet, wie eng die sprachliche Übereinstimmung bei der Beschreibung von Inklusion und Bürgergesellschaft ist. Es geht um Frei-willigkeit (durchaus in dieser doppelten Bedeutung), um Teilhabe, um Gestaltungsmöglichkeiten und um Gemeinwohlverantwortung. Ich wage hier die Behauptung, dass das Leitbild Inklusion die Grundlage legt für eine bürgerschaftlich orientierte Form sozialer Arbeit. Eine These, die ich später noch einmal aufgreifen werde.

Politik hat die Bürgergesellschaft entdeckt – Engagementspolitik wird als »Investition in bürgerschaftliches Engagement« verstanden (Bundesministerium für Familie, Senioren, Frauen und Jugend: Engagementspolitik wirksam gestalten, Berlin 2008).

Ziel einer Engagementspolitik ist die Erhöhung des Engagementpotenzials (eine Terminologie, die spätestens mit den Freiwilligensurveys 1999 und 2004 in den Sprachgebrauch aller Berufsehrenamtler eingegangen ist). Es gilt »Potentiale zu fördern, also die Engagementbereitschaft national und international zu stärken und die Befähigungen bzw. Qualifikationen der Engagierten auszubauen.« (Bundesministerium für Familie, Senioren, Frauen und Jugend: Eckpunkte einer nationalen Engagementstrategie, Berlin 2009)

Spätestens hier kommt man ins Grübeln, ob es nicht unterschiedliche Bilder bürgerschaftlichen Engagements gibt. Auf der einen Seite die selbstbestimmten, vielleicht auch ein wenig kratzbürstigen Bürgerinnen und Bürger, die Verantwortung für sich und andere übernehmen und Probleme, die sie im Gemeinwesen wahrnehmen, anpacken, manchmal auch im Streit mit den Verantwortlichen. Auf der anderen Seite das Heer von Engagementwilligen, die zielorientiert und effektiv an die Lücken sozialstaatlicher Verantwortung herangeführt werden müssen, da diese aus finanziellen Erwägungen nicht mehr professionell bearbeitet werden.

Zugegeben, eine bewusst schwarz-weiß gehaltene Skizze, aber schaut man auf die aktuelle Engagementspolitik, dann kann einem schon ein wenig unbehaglich werden. Da werden die Stellnetze weit aufgestellt, mit denen die potenziell Engagementwilligen abgefischt werden können: Freiwilligenagenturen, Ehrenamtskarten, Leitstellen, Seniorenbüros, Bildungsprogramme oder Ehrenamtsmessen dienen mehr oder weniger erfolgreich der Erhöhung des Engagementpotenzials. Freiwilligendienste haben gerade Konjunktur, um ein höher verpflichtendes Engagement zu etablieren. Unter dieser Überschrift mischen sich nicht nur seltsam Zivildienst, Freiwilliges soziales oder ökologisches Jahr, sondern auch die Freiwilligendienste aller Generationen, für die das Bundesministerium für Familie, Senioren, Frauen und Jugend gerade die zweite Modellphase eingeläutet hat. Nicht nur, dass für mich die Vorstellung von Dienst und freiwilliger selbst gewählter Arbeit nur schwer unter einen Hut zu bringen ist, die Mischung ganz unterschiedlicher Dienstformen, die entweder abgeleitet sind aus der Wehrpflicht oder einen arbeitsvertragsähnlichen Charakter einer Berufsvorbereitungsmaßnahme mit einem reinen Freiwilligen»dienst« macht ein weiteres Problem der derzeitigen Engagementförderung deutlich. Freiwilliges Engagement wird zunehmend verrechtlicht und monetarisiert. Einführung von Aufwandspauschalen, Erhöhung von Übungsleitervergütungen, Tätigkeitsnachweise, Anerkennung von Freiwilligenzeiten in Beruf und Studium, verpflichtende Vereinbarungen über Stundenumfang führen auch dazu, dass Freiwillige immer arbeitnehmerähnlicher werden. In der Realität sozialer Einrichtungen finden wir heute schon Mischungen von Freiwilligen mit und ohne Aufwandsentschädigungen, Übungsleitern, Honorarkräften, 1-Euro-Jobbern, geringfügig Beschäftigen und hauptamtlichen Mitarbeitern und Mitarbeiterinnen. Eine schleichende Entprofessionalisierung sozialer Arbeit oder eine schleichende Professionalisierung bürgerschaftlichen Engagements, je nach dem, von welcher Seite man schaut. Auf jeden Fall bleibt dabei die besondere Qualität bürgerschaftlichen Engagements auf der Strecke. Es scheint so, dass es im politischen Diskurs zum bürgerschaftlichen Engagement nicht so sehr um den Aufbau sozialen Kapitals geht, sondern zunehmend um die Ausnutzung des Humankapitals.

Der Eindruck, dass sich hinter der Wertschätzung bürgerschaftlichen Engagements auch die Suche nach einem Ausfallbürgen für das eingeschränkte sozialstaatliche Engagement verbirgt, wird noch einmal genährt, schaut man auf einige sozialpolitische Reformen oder Reformvorhaben. So lobt das Bundesministerium für Gesundheit auf seinen Internetseiten die Pflegereform 2008 unter anderem damit: »Niedrigschwellige Angebote (zum Beispiel Betreuungsgruppen, Tagesbetreuung, Helferinnenkreise [sic, H. W.-K.] zur stundenweisen Entlastungen von pflegenden Angehörigen) sowie ehrenamtliche Strukturen und die Selbsthilfe im Pflegebereich werden zusätzlich gefördert.« Im schleswig-holsteinischen »Gesetz zur Stärkung von Selbstbestimmung und Schutz von Menschen mit Pflegebedarf oder Behinderung« vom 17. Juli 2009 ist Folgendes zu lesen: »Träger von stationären Einrichtungen, von besonderen Wohn-, Pflege- und Betreuungsformen sowie Anbieter von Leistungen der Pflege und Betreuung haben sich für die Begleitung der Menschen mit Pflegebedarf oder Behinderung durch Angehörige und bürgerschaftlich Engagierte zu öffnen und sollen deren Mitwirkung ermöglichen.«

Ein letztes Beispiel: In dem Vorschlagspapier der Arbeits- und Sozialministerkonferenz »Weiterentwicklung der Eingliederungshilfe für Menschen mit Behinderung« steht folgender handlungsleitender Grundsatz: »Förderung und Unterstützung bürgerschaftlichen Engagements für Teilhabebedarfe von Menschen mit Behinderung.«

Hier entsteht so etwas wie ein staatlich verordnetes Ehrenamt, bei dem die Rechnung ohne den Wirt gemacht wird. Es gibt keine Gewissheit, dass künftig Menschen überhaupt Lust haben, sich in der Arbeit mit alten oder behinderten Menschen zu engagieren. Und bürgerschaftliches Engagement lebt nun einmal davon, dass es frei gewählt und selbstbestimmt ist. Ich bin fest davon überzeugt, dass sich engagierte Menschen sofort wieder zurückziehen, wenn sie mitbekommen, dass sie als Einsparpotenzial einer verkorksten Sozialpolitik dienen sollen.

An diesen Versuchen, ein gesetzlich verordnetes Ehrenamt zu etablieren, kann eine weitere Unlauterkeit des politischen Diskurses zum bürgerschaftlichen Engagement durchsichtig gemacht werden. Hinter der Hoffnung, aktuelle Engpässe in der Pflege alter Menschen, der Betreuung behinderter Menschen oder anderer Zielgruppen sozialer Arbeit beheben zu können, steht die Erwartung, dass das Heer von engagementbereiten Menschen in Deutschland noch lange nicht ausgeschöpft sei. Dem Bild, dass Freiwillige unbegrenzt reproduzierbar sind, möchte ich ein anderes entgegensetzen: Wir werden erleben, wie sich soziale Einrichtungen untereinander, aber auch mit Sportvereinen, Kulturinitiativen und Naturschutzorganisationen raufen und prügeln um die letzten »freilaufenden Freiwilligen«.

Das Potenzial freiwillig engagierter Menschen ist nicht beliebig potenzierbar, auch wenn die Freiwilligen-Surveys hier Optimismus verbreiten und behaupten, dass es neben den 36 Prozent der Bevölkerung, die freiwillig engagiert sind, noch ein weiteres Drittel von Menschen gibt, die bestimmt oder eventuell zu freiwilligem Engagement bereit seien. Angesichts der Euphorie, die diese Information hin und wieder auslöst, empfehle ich ein wenig sozialwissenschaftliche Nüchternheit. Die großen Untersuchungen zum freiwilligen Engagement in Deutschland haben den Nachteil, dass sie Stichtagsuntersuchungen sind. Wir wissen nichts über den zeitlichen Verlauf des Engagements und über die Wanderungsbewegungen zwischen den Gruppen der nicht engagierten, den engagierten und den zum Engagement bereiten Menschen. Bisher ist mir nur die Studie von Jens Ehrhardt bekannt, die versucht – wenn auch in dem engen Zeitraum von 1994 bis 1999 – die Fluktuation zwischen den drei Bevölkerungsgruppen genauer zu analysieren. Ohne im Einzelnen hier seine statistischen Ergebnisse anzuführen, lässt sich aufgrund von Ehrhardts Studie festhalten: es gibt – im zeitlichen Verlauf schwankende – Wanderungsbewegungen zwischen den drei Formen des Engagements. Menschen steigen neu ein in das freiwillige Engagement – sogar in einem großen Umfang –, aber es steigen auch wieder welche aus. Dies erklärt zum einen, dass bisher der Prozentsatz der engagierten Menschen relativ stabil geblieben ist. Andererseits lässt sich festhalten:»Freiwilliges Engagement ist also durch hohe Zugangsquoten gekennzeichnet. Angesichts dieser Werte kann von *allgemeinen* Zugangsschranken keine Rede sein.« (Jens Ehrhardt: Machen Freiwilligenagenturen Sinn? Längsschnittanalysen zur Aufnahme von ehrenamtlichen Tätigkeiten. Kurzfassung des Abendvortrages anlässlich der jährlichen Mitgliederversammlung des »Fördervereins Zivilgesellschaftsforschung e.V.«, Berlin, 12.09.2008)

Nach der ersten Ehrenamtslüge der Wohlfahrtsverbände, die die große Bedeutung des Ehrenamtes noch immer für sich reklamierten, als sie längst die meisten Freiwilligen im Zuge der Professionalisierung verloren hatten, entsteht heute eine zweite Ehrenamtslüge. Sie behauptet, dass das Potenzial der Menschen, die bereit sind, sich freiwillig zu engagieren, unbegrenzt sei. Man müsse nur den Trick finden, mit dem man sie motivieren kann.

Nur diesen Trick gibt es leider nicht. Menschen müssen sich engagieren *wollen*, zum Engagement *über den Tisch ziehen* lassen sie sich nicht. Gerade heute verbinden Menschen im Engagement Verantwortung für das Gemeinwesen, für andere mit der Selbstsorge, auch mit dem Wunsch gestalten zu können, etwas Sinnvolles zu tun.

Die Versuche bürgerschaftliches Engagement zum Zwecke des Abbaus sozialstaatlicher Verantwortung zu kolonialisieren, scheitert (hoffentlich) am *Eigensinn* der Bürgerinnen und Bürger. Wenn nicht, dann beginnen wir nach der Reputation der parlamentarischen Demokratie auch noch die Reputation der Demokratie in der unmittelbaren Lebenswelt zu verscherzen.

Inklusion als bürgerschaftliche Strategie sozialer Arbeit

Ohne Anerkennung des Eigensinns bürgerschaftlichen Engagements, ohne Verständnis von Bürgergesellschaft als durchaus eigenwilligen, streitbaren Gegenspieler des politischen und des wirtschaftlichen Systems wird Inklusion nicht gelingen. Inklusion reduziert sich nicht darauf, die Konzepte sozialer Anbieter ein wenig der UN-Behindertenrechtskonvention anzupassen, sie nimmt die Veränderung des Zusammenlebens in unserer Gesellschaft, auch im Widerstreit, in den Fokus.

Als Leitidee verbindet Inklusion sich eng mit der Verantwortung von Bürgerinnen und Bürgern für das Gemeinwesen und der Entwicklung der Bürgergesellschaft als gelebte Demokratie. Eine Gesellschaft, die nicht lernt, Vielfalt zu verehren, wird nicht in der Lage sein, die anderen als gleichberechtigte Bürger mitwirken zu lassen. Oder wie Doortje Kal über die »Welt der Normalen« schreibt: »Diese stellt fest, dass manche Menschen zwar ›anders‹ sind, findet aber nicht, dass sie deswegen nicht mehr arbeiten, bei der ehrenamtlichen Arbeit helfen oder Freundschaften haben dürfen. Bürger und gesellschaftliche Organisationen bemühen sich darum, für Nicht-Standardmenschen von Bedeutung zu sein.« (Doortje Kal: Gastfreundschaft. Das niederländische Konzept Kwartiermaken, Neumünster 2006, S. 11 f.) Und, so möchte ich ergänzen, beginnen den Nicht-Standardmenschen Bedeutung zu geben.

Dass Inklusion soziale Arbeit bürgerschaftlich orientiert, lässt sich auf drei Ebenen beschreiben:

Bürgerorientierung statt Personenorientierung

Inklusion macht ernst mit der Bürgerorientierung sozialer Arbeit. Jeder Adressat sozialer Dienstleistung ist selbstbestimmter, autonomer Bürger dieses Landes. Jede Hilfe hat von diesem Diktum auszugehen und sich so zu organisieren, dass die Selbstbestimmung des Nutzers als Bürger nicht infrage gestellt wird. Inklusion verpflichtet soziale Arbeit, sich am Willen der Nutzerinnen und Nutzer zu orientieren, die gleiche Augenhöhe und den Eigensinn ihrer Klientel zu akzeptieren und die Assistenz in der Lebenswelt der Menschen mit Unterstützungsbedarf zu erbringen.

Methodisch setzt eine inklusive Sozialarbeit an den emanzipatorischen Konzepten sozialer Arbeit an, die den Nutzerinnen und Nutzern die Macht über ihr Leben zurück geben: Empowerment, Lebensweltorientierung, Sozialraumarbeit.

In den Aufbau sozialen Kapitals investieren

Bürgerinnen und Bürger müssen unterstützt und ermutigt werden, Verantwortung für sich und andere zu übernehmen. Hier gilt es sehr genau hinzuschauen, wo es Initiativen, Entwicklungen und Bewegungen gibt, die zeigen, dass Bürger durchaus den *Willen* haben, ihre Lebenswelt, ihr Gemeinwesen mitzugestalten und lebenswerter zu machen. Längst haben sich neben vielen Formen des individuellen Konkurrenzkampfes, des Hinterherhetzens hinter den abstrakten Zielen einer Leistungsgesellschaft vielfältige Formen der alltäglicher Solidaritäten, gemeinwohlorientierter Initiativen, problemlösender Kooperationen herausgebildet, in denen Bürgerinnen und Bürger zeigen, dass sie durchaus bereit sind, ihr Zusammenleben selbst in die Hand zu nehmen.

Damit Bürgerinnen und Bürger wieder miteinander beginnen, soziales Kapital aufzubauen, benötigen sie sicher Methoden, Erfahrungen, Beratung und den Zugang zu Netzwerken. Dieses *Können* kann professionell zur Verfügung gestellt werden. Dies ist durchaus eine Aufgabe, bei der Sozialarbeit und die Verbände der freien Wohlfahrtspflege eine Rolle spielen können. Allerdings scheint die Erkenntnis, dass der Aufbau sozialen Kapitals in einer Gesellschaft präventive Sozialarbeit ist, die durchaus auf lange Sicht den Bedarf reparierender und reglementierender Sozialarbeit verringert, noch nicht sehr weit verbreitet zu sein.

Die Aufgabe des politischen Systems beim Aufbau sozialen Kapitals wäre, die Verantwortung von Bürgerinnen und Bürgern zuzulassen. Bürger *dürfen* Verantwortung übernehmen, ohne ständig in die Verhinderungsmühlen bürokratischer und politischer Entscheidungsträger zu geraten. Soziales Kapital könnte sich wesentlich freier entfalten, wenn Verwaltungen von vielerlei bürokratischem Ballast befreit würden und wenn Politik ihre Bürger – wenn auch als eigensinniges – als gleichberechtigtes Gegenüber akzeptiert. Zurzeit scheint es allerdings eher so zu sein, dass die Politikverdrossenheit der Bürger mit der Bürgerverdrossenheit der Politiker korrespondiert, was zu dieser merkwürdigen Sprachlosigkeit führt, in der alle Sonntagsreden die Floskel Bürgergesellschaft aufnehmen, ohne dass jemand mal mit den Bürgern über ihre Gesellschaft spricht. In diesem Sinne kranken auch die meisten Bürgerbeteiligungsverfahren, die eher eine Alibifunktion erfüllen als den Bürgern eine ernsthafte Mitgestaltungsmöglichkeit zu eröffnen.

Bürgerschaftliche Organisation sozialer Arbeit

Inklusion als bürgerschaftliche Orientierung sozialer Arbeit bietet aber auch den Organisationen freier sozialer Arbeit die Chance sich neu zu orientieren. Als Anfang der 90er Jahre der bis dahin gepflegte Korporatismus zwischen Staat und der Freien Wohlfahrtspflege endgültig zerbrach, hat letztere sich oft vorschnell und allzu unkritisch auf die Funktion eines globalen Marktteilnehmers reduzieren lassen. Die eigene, besondere Rolle – so zum Beispiel die Werteorientierung und die Sachzieldominanz – blieb dabei auf der Strecke. Der Preis dafür war ein (möglicherweise) besseres Management und die beliebige Austauschbarkeit mit gewerblichen Anbietern sozialer Dienstleistungen.

Da Inklusion ohne Weiterentwicklung von Bürgergesellschaft nicht denkbar ist, müssen freie soziale Organisationen ihre Rolle im Dritten Sektor, dem Teil der Gesellschaft, der gebildet ist von den freien Zusammenschlüssen und Organisationen der Bürger und Bürgerinnen, neu bestimmen. Freie Wohlfahrtspflege ist Teil dieses Dritten Sektors, ist organisiertes Bürgerengagement wie alle Organisationen um sie herum. Dieses Bewusstsein ermöglicht es, die Identität als bürgerschaftliche Organisation neu zu finden und aus diesem Selbstbewusstsein heraus die Austauschbeziehungen zu den Organisationen im politischen System oder im Wirtschaftssektor zu bestimmen. Ob diese Beziehung nun (junior)partnerschaftlich oder aber streitbar gestaltet werden, unterliegt dann vielleicht wieder mehr dem eigenen Wollen und nicht so sehr dem Anpassungsdruck finanzieller Abhängigkeiten.

Bürgerschaftliche Organisation sozialer Arbeit heißt aber auch, dass Vernetzungen und Kooperationen mit anderen bürgerschaftlichen Organisationen möglich und notwendig werden. Sie sind die natürlichen Bündnispartner bei der Entwicklung einer Bürgergesellschaft, die Inklusion möglich macht.

Diese neue Rolle als ein Akteur der Bürgergesellschaft wird für die Einrichtungen der Freien Wohlfahrtspflege Konsequenzen haben, soll sie nicht nur ein Lippenbekenntnis sein. Hier können nur ein paar Stichpunkte genannt werden:

• Hochspezialisierte, professionelle Sonderwelten sozialer Arbeit werden weniger, zugunsten von sozialen Einrichtungen, die sich öffnen ins Gemeinwesen, die Bürgerinnen und Bürger hereinholen, aber die auch gemeinsam mit den Nutzerinnen und Nutzern hinausgehen ins Gemeinwesen.

• Die Verantwortung sozialer Organisationen reduziert sich nicht nur auf die Verantwortung für das eigene Klientel, Verantwortung bezieht sich auf das gesamte Gemeinwesen und soziale Organisationen sind die selbstverständlichen Partner und Unterstützer bürgerschaftlichen Engagements.

• Soziale Organisationen sind offen für bürgerinitiierte Projekte und Problembewältigungsstrategien, bei denen unterschiedlichste Kooperationspartner Ressourcen einbringen. Kooperationen und Netzwerkstrategien sind erfolgreicher als konkurrierendes Festhalten am Besitzstand.

• Soziale Einrichtungen werden kontrolliert und getragen von Organen, die bürgerschaftliches Engagement und die NutzerInneninteressen zur Geltung bringen. Es geht um die Etablierung von Zivilgesellschaft in allen sozialen Organisationen.

Zum Schluss

So locker dieser Beitrag begann, so grundsätzlich endet er. Aber ich hatte ja gewarnt. Soll Inklusion nicht nur eine beliebige Vokabel bleiben, an die sich in fünf Jahren keiner mehr erinnert, müssen wir die Konsequenzen ernst nehmen, ohne die eine gelingende Inklusion nicht möglich ist. Beide Begriffe, Inklusion und Bürgergesellschaft, beinhalten einen Traum. Den Traum, dass es Menschen gelingen kann, eine Gesellschaft schaffen, in der man »ohne Angst verschieden sein kann« (Th. W. Adorno). Ich habe auf einige Schwierigkeiten beim Träumen aufmerksam gemacht, ohne – so hoffe ich wenigstens – davon abzuraten, die Träume Wirklichkeit werden zu lassen.

Ingmar Steinhart

Der Weg zu einer inklusiveren Gesellschaft – Herausforderung für alle

Menschen mit Behinderung
sind Bürgerinnen und Bürger – uneingeschränkt mit allen
Rechten und Verpflichtungen. Ist das so einfach?

Ist das bekannte Motto »Es ist normal, verschieden zu sein« wirklich schon in den Herzen der am Prozess wesentlich Beteiligten angekommen? Überall werden ein paar Hochglanzthesen formuliert, aber welche »Change-Power« zu einer inklusiveren Gesellschaft verbirgt sich tatsächlich dahinter?

»Inklusion zum Anfassen« ist kaum erlebbar, »Best-Practice-Projekte« sind eher Optimierungsprojekte bestehender Praxis in die Richtung größerer Normalität und individueller(er) Teilhabe als »wirkliche Inklusionsprojekte« mit dem Charakter der Erneuerung und des Perspektivwechsels. Manche sind auch simple Sparprojekte unter dem Deckmantel von Bürgerbeteiligung und Entprofessionalisierung.

Inklusion benötigt Ressourcen (vor allem durch Umschichtung) und eine neue Professionalität. Damit »tritt Inklusion (fast) allen auf die Füße«: mit einem Perspektivwechsel – von der Betreuung und Bewahrung über die Integration zur inklusiven Gesellschaft – ist gelebte Inklusion in der Praxis stets mit starker eigener Veränderung verbunden. Betroffen sind gleichermaßen die Systeme der

öffentlichen Verwaltungen, der Leistungsträger, der Wohlfahrtsverbände und der Leistungsanbieter – und letztendlich jeder Einzelne, der in diesen Systemen mitarbeitet.

Das »einfache Thema der selbstverständlichen Teilhabe« ist hoch-
komplex. Der Begriff der Inklusion beschreibt kein statisches Ziel,
sondern die Voraussetzung für generelle Teilhabe aller Menschen
an gesellschaftlichen Möglichkeiten. Inklusion ist Auftrag, nämlich der zur Umgestaltung der Umwelt im Sinne einer inklusiven
Gesellschaft, die die Bürgerrechte aller ihrer BürgerInnen respektiert und zu realisieren hilft.

Aufbruchstimmung lässt sich überall da erkennen, wo dieser
Auftrag angenommen und als Wert in das jeweilige System inte-
griert wird, z.b. durch professionelle Anbieter, Verbände, durch
Gebietskörperschaften oder durch einzelne Bundesländer, die
Inklusion zur politischen Leitidee für die Behindertenpolitik des
Landes erheben (z.B. Schleswig-Holstein).

Akzeptiert man Inklusion als Auftrag für fast alle (Hilfe)Syste-
me, so müssen viele aktuelle Lösungen für die Teilhabe von Menschen mit Behinderungen, insbesondere die Angebotsformen, auf
den Prüfstand gestellt werden. Inklusion beinhaltet mehr als eine
Normalisierung beeinträchtigten Lebens durch Anpassung an
sogenannte normale Lebensstandards nicht behinderter Menschen. Sie bezieht die »Ermächtigung der Zivilgesellschaft« als
Auftrag mit ein.

So einfach das klingt, so schwierig ist die Umsetzung. Inklusion
als Leitidee zwingt zu einem Wandel in der Ausgestaltung sozialer
Unterstützungsleistungen: von der eher beschützenden Versorgung
zur Unterstützung einer individuellen Lebensführung sowie der
Unterstützung des Gemeinwesens. Inklusion ist dann noch nicht
erreicht, wenn Menschen mit Behinderung in einer Gemeinschaft
mit anderen leben oder wenn eine ausreichende Anzahl an spezialisierten Bildungs-, Beschäftigungs- und Freizeitangeboten für diesen Personenkreis zur Verfügung steht. Vielmehr geht es um die
Ermöglichung eines individuell gestalteten Lebens und um die Einbeziehung von Menschen mit Behinderung in die »normalen« All-

tags- und Lebensvollzüge einer Gesellschaft ohne Vernachlässigung des »Fürsorge-Aspektes«. Die Pflicht, eigene Fähigkeiten und Ressourcen einzubringen und ein »allgemeines Lebensrisiko« zu tragen gehört allerdings dazu. Wesentliches Moment ist die selbstverständliche Begegnung von Menschen mit und ohne Behinderungen insbesondere beim Wohnen, bei der Arbeit und in der Freizeit – beginnend in Kindergarten, Schule und Bildungsangeboten. Inklusion ist ein gesamtgesellschaftliches Querschnittsprojekt, wobei es überall gilt aus den Sonderwelten die »selbstverständlichen Welten für alle« zu generieren. Fortan heißt es nicht mehr »ambulant vor stationär«, sondern »ambulant statt stationär«.

Auf den Weg machen ... inklusiver werden

Bei einem deutlichen JA! zur Inklusion stehen für *alle* Beteiligten gemeinsam oder auch differenziert in ihren »Zuständigkeitswelten« erste Schritte auf dem Weg zu einer inklusiv(er)en Gesellschaft an:

Barrierefreiheit
Barrierefreiheit beginnt zunächst in den Köpfen aller Beteiligten und kann am ehesten befördert werden durch eine *Beteiligung* von Menschen mit Behinderungen, insbesondere an Entscheidungsprozessen.
Ein Leben in der Normalität des örtlichen Sozialraums setzt die »umfassende« Barrierefreiheit von öffentlichen Einrichtungen und Diensten im Sinne der »*Zugänglichkeit*« und »*Nutzbarkeit*« voraus – für Menschen mit Behinderungen in der allgemein üblichen Weise, ohne besondere Erschwernis und grundsätzlich ohne fremde Hilfe. Barrierefreiheit der Kommunikation ist eine Voraussetzung für die Inanspruchnahme infrastruktureller Einrichtungen.
   Beispiele für Barrierefreiheit im erweiterten Sinn wären u.a.
   – die Nutzung der vielfältigen Technologiemöglichkeiten
   – die Erreichbarkeit der persönlichen Hilfen sicherzustellen,

wie z.B. durch ambulante und mobile Rund-um-die-Uhr Dienste

Die Herstellung der Barrierefreiheit für alle BürgerInnen ist ein *andauernder Prozess*, der mit der technologischen und der gesellschaftlichen Entwicklung Schritt halten muss und durch rechtliche Bestimmungen in Spezialgesetzen, z.b. den Bauordnungen, ebenso unterstützt wird wie durch konkrete Maßnahmen, z.b. Investitionsprogramme.

Das Gemeinwesen befähigen

Das Gemeinwesen muss bereit und dazu fähig sein, alle Menschen, auch diejenigen, die vermeintlich »anders« sind, anzunehmen und aufzunehmen. Um dieses Ziel, d.h. die Beendigung von »Exklusion«, irgendwann zu erreichen, muss vorab eine Stärkung der Zivilgesellschaft über ein gezieltes Empowerment des Gemeinwesens erfolgen. Inklusion muss in den üblichen Beratungsprozessen der Bürgerschaft, wie z.b. im Parlament, in Ausschüssen, inklusive Haushalts- oder Bebauungsplänen, zum Thema werden. Außerparlamentarisch könnten die Bürgerinnen und Bürger über Bürgerplattformen oder vergleichbare Methoden befähigt werden, für ihre eigenen Belange einzutreten und ihre Lebensbedingungen auszugestalten. Wenn z.b. auch Menschen mit Behinderungen an einer Bürgerplattform teilhaben würden, könnte sich der Perspektivwechsel bereits im Prozess ergeben. Menschen mit Behinderungen wären nicht mehr Ziel der professionellen Eingliederungsbemühungen, sondern sie wären selbstverständlicher Teil des bürgerschaftlichen Gesamtprozesses. Kernaufgabe des veränderten professionellen Handelns wäre es, einen solchen Stärkungsprozess des Gemeinwesens einzuleiten und darin auch BürgerInnen mit Behinderungen zur selbstverständlichen Teilhabe an diesem Prozess zu befähigen und BürgerInnen ohne Behinderungen zu befähigen, diesen Prozess zu »teilen«.

Netzwerke

Da die Gesellschaft selbst »inklusiv« werden soll, benötigen Menschen mit Behinderungen differenzierte Netzwerke, die sie bei ihrer gleichberechtigten Teilhabe unterstützen: nicht-professionelle, semiprofessionelle oder professionelle. Es entstehen neue Professionen, z.B. der »Community-Networker«, der über seine indirekte Brücken-Arbeit im Gemeinwesen dazu beiträgt, dass Menschen mit Behinderungen nach Möglichkeit gar nicht erst exkludiert werden. Gemeinwesenarbeit und Know-how über indirekte Interventionen bei der Knüpfung von Netzwerken sind hier als Kernkompetenzen gefordert. Auch der weitere Aus- und Aufbau trialogischer Netzwerke mit Erfahrenen, Profis und Angehörigen/Bürgern/bzw. wesentlich Beteiligten unterstützt den inklusiven Entwicklungsprozess.

Teilgabe

Menschen mit Behinderungen wollen nicht nur Empfänger von Hilfen und Leistungen sein, sondern sie wollen auch selber geben. Für das Konzept der »Teilgabe« gibt es leider nur wenige gut dokumentierte oder gar evaluierte Beispiele wie z.B. das Projekt »mittenmang-schleswig-holstein«. Wesentliches Ziel ist, dass Menschen mit Behinderungen ihre Rolle des »Hilfe-Empfangende« verlassen und in die Rolle des (ehrenamtlich) Gebenden einsteigen. Sie gewinnen hierbei aktive Teilhabe, Normalität und ein neues Selbstwertgefühl.

Für die Finanzierung solcher Teilgabe gilt es, Ressourcen umzuschichten, die aktuell an den Einzelfall und das Merkmal »Behinderung« gekoppelt sind.

Barrierefreie soziale Dienstleistungen: die »Wohlfahrtspflege« neu denken

Die professionellen Hilfesysteme, wie u. a. die Angebote der Freien Wohlfahrtspflege, werden sich dem Leitgedanken der Inklusion »unterordnen«, die »inklusive Gesellschaft« als Leitidee im professionellen Alltag befördern und sich »an die Spitze der Bewegung setzen« (müssen). Die neuen sozialen Dienstleistungen zeichnen sich dadurch aus, dass sie sich an den persönlichen Voraussetzungen eines Menschen, den jeweiligen Anforderungen in seiner Lebenswelt und sich daraus ergebenden Erschwernissen der

Partizipation orientieren. Die sozialen Dienstleister sind damit aufgefordert, zu einer ressourcen- und autonomiefördernden Lebensgestaltung beizutragen. Statt reflexartig mit institutionalisierten oder vorgefertigten Lösungen zu reagieren, könnte die professionelle Leitorientierung sein, zuzuhören und nach Antworten zu suchen auf die Fragen, die uns Menschen mit Behinderungen stellen, die in einer Gemeinde ihre persönlichen Zukunftsperspektiven entwickeln möchten. Inwieweit die »Beantwortung« mit (nicht)professionellen Mitteln gelingt, könnte eine Messlatte für den »Inklusionsfortschritt« bedeuten. Mit der Leitidee der Inklusion begibt sich das professionelle Hilfesystem auf die Suche nach Antworten unabhängig davon, wie hoch der individuelle Grad der Behinderung, der individuelle Bedarf an Hilfe, Fürsorge oder gegebenenfalls »Fremdbestimmung« aktuell ist. Es geht um Entwicklung und Stabilisierung von barrierefreien und vernetzten Infrastrukturen für alle Bürgerinnen und Bürger. Dies kann u.a. dadurch gelingen, dass Partnerschaften zwischen der Wohlfahrtspflege, Institutionen, öffentlichen Dienstleistungen, gemeindlichem Leben, bürgerschaftlichem Engagement und privaten Hilfen zu einem konstruktiven Zusammenspiel gebracht werden. Die Wohlfahrtspflege ist hier besonders gefordert, für die Entwicklung einer »inklusiven Gesellschaft« Vorbildfunktion zu übernehmen – und unterwegs niemanden zu verlieren ... weder die eigenen Mitarbeitenden – unabhängig vom Schweregrad des erforderlichen Perspektivwechsels –, noch Menschen mit Behinderungen – unabhängig vom Schweregrad ihrer Behinderung.

Die Wohlfahrtspflege – ihre Verbände und ihre Mitglieder gleichermaßen – ist gefordert, für sich entsprechende Strukturen aufzubauen, die diesen Prozess unterstützen und begleiten. Hierfür könnten drei Dinge bedeutsam sein:

1. Inklusion als Führungsaufgabe

Das Thema kann nicht an irgendwelche Stabsstellen delegiert werden, sondern muss in seiner gesamten Bandbreite eine Führungsaufgabe sein bzw. werden. Die Leitung, also Vorstand bzw. Geschäftsführung, muss diesen Prozess nicht nur im Auge haben

und unterstützen, sondern aktiv befördern – insbesondere unter
dem Aspekt der Querschnittsaufgabe.

2. *Querschnittsaufgabe*
In den zumeist wie Säulen nebeneinander stehenden Verbands- und
Organisationsstrukturen – hier »Behindertenhilfe«, dort »Alten-
hilfe«, hier »Frühförderung«, dort die »Bildung« etc. und »jeder
macht das Seine« sollte das Thema »Inklusion« quer zu den Säulen auch als Organisationsentwicklungsprinzip verankert werden.

3. *Inklusionsanreize schaffen*
Inklusive Aktivitäten müssen belohnt werden. Die Verankerung
als Querschnittsaufgabe muss gestützt werden, da die interne und
externe Sogwirkung der traditionellen Säulen im Allgemeinen
stark ist. Dies kann durch die Leitung erfolgen, durch gemeinsame
Best-Practice-Projekte über die Säulen hinweg, durch finanzielle
Steuerungsanreize und Belohnungssysteme etc. Auch gegenüber
externen Partnern muss für ein »inklusives Arbeits- und Organi-
sationsmodell« geworben werden (Kommunen, Kostenträger,
Ministerien etc).

Profis werden inklusions-fit
Alle an dem Prozess beteiligten Profis (Anbieter, Leistungsträger,
Kommunalverwaltung) müssen sich neu orientieren, den Perspektivwechsel aktiv mitgestalten können und im Rahmen einer geziel-
ten Organisationsentwicklung in dieser Aufgabe unterstützt werden. U.a. sollten hierzu umfassende Personalentwicklungskonzep-
te bei den Anbietern von sozialen Dienstleistungen regional-
spezifisch entwickelt werden.

Basis-Mitarbeitende
Sie müssen den im Sinne von Inklusion erforderlichen Perspektivwechsel in der von ihnen zu erbringenden Arbeitsleistung als
»Wert« mittragen, die Prozesse mitgestalten und die Umsetzung
»mitmachen«:
  – Die HilfeempfängerInnen werden zu BürgerInnen mit unein-
geschränkten Rechten, denen auf Augenhöhe begegnet werden
muss.

– Die Wünsche der Menschen mit Behinderungen gehen weg von der »Fürsorge« und »Fremdbestimmung« in einem wesentlich aus Helfersicht definierten Setting, hin zu einem individuellen und selbst bestimmten Assistenzbedarf in einem individuellen Setting.

– Zukünftig wird das Erbringen »fallunspezifischer Leistungen im Gemeinwesen« und das oben beschriebene »Networking« bis zu 50 % Anteil an den professionellen Aufgaben ausmachen. Die hierfür erforderlichen Finanzierungsmöglichkeiten müssen den fachlichen Vorgaben folgen.

– Aufgrund des sich verändernden »Settings« der professionellen Arbeit werden auch die Prüfinstanzen einer gelingenden professionellen Dienstleistung verschoben werden von Instanzen wie der (Heim)Aufsicht hin zum Verbraucherschutz und unabhängigen Beschwerdestellen. Hierbei wird verstärkt auf Ergebnisqualität, den Nutzen für den Einzelnen und die Beteiligung der »Kunden« geachtet werden.

– Die Orte der Arbeit werden sich von den institutionalisierten »Orten zum Leben«, die sich vielfach durch Exklusion oder Sonderwelten auszeichnen, hin zur »Arbeit direkt im Ort«, also im Gemeinwesen, in normalen Lebens- und Arbeitswelten, verändern.

– Die Arbeitsprozesse werden hilfeempfängerorientiert und vermutlich stark arbeitsteilig ablaufen.

– Auch die Arbeitsbedingungen werden sich verändern: Es wird eine Bewegung entstehen vom »Normal-Arbeitsverhältnis« mit zeitlich, örtlich und inhaltlich stabilen Bedingungen, die leicht berechenbar sind, hin zu einer umfassenden Mobilität und Flexibilität, mit zeitlich, örtlich und inhaltlich variablen Arbeitsbedingungen, die schwer zu berechnen sind.

Verwaltung, Geschäftsführung, Vorstand
Auch die MitarbeiterInnen der Verwaltung und der Leitung müssen in die Wertediskussion und den Paradigmenwechsel einbezogen werden. Sie müssen ihn nicht nur »mittragen«, sondern auch direkt unterstützen. Dies bezieht sich auf alle Ebenen – vom Controlling über das Personalwesen bis zum Baubereich. Allein die

Umstellung von »immobiliengestützten« Angeboten hin zu »nicht Immobilien gebundenen« also gemeinwesen-integrierten Angeboten ist eine große Herausforderung ebenso wie Logistik- bzw. IT-Fragen oder Fragen des Berichtswesen etc.

Um diesen Perspektivwechsel zu realisieren, müssen die zukünftigen Mitarbeitenden an den entsprechenden Fachschulen, Hochschulen und Universitäten umfassend darauf vorbereitet werden – inklusions-fit sind leider immer noch viel zu wenige der Absolventen des Bildungssystems.

Leistungsträger – Ressourceneinsatz neu denken
Veränderungsprozesse wie der erforderliche Perspektivwechsel und die Entwicklung einer inklusiven Kultur benötigen Ressourcen an der richtigen Stelle, im Übergangsstadium auch zusätzliche Ressourcen. Zum Beispiel könnte ein »Teilhabe-Weiterentwicklungsgesetz« über einen Zeitraum von fünf bis zehn Jahren zusätzliche Finanzmittel, z.B. einen »Inklusions-Euro« in jeder Fachleistungsstunde oder jeder Maßnahmepauschale etc. bereitstellen, verbunden mit einem Anreiz- und Belohnungssystem zur Systemtransformation.

Eine Gesellschaft inklusions-fit zu machen, ist ein komplexer und langfristiger Prozess. Wichtig erscheint vor allem, dass dies in einem strukturierten, transparenten und auf Nachhaltigkeit angelegten Gesamtprozess mit Feedback-Schleifen zur Rückversicherung bei allen beteiligten Akteuren angelegt ist und in die politischen Rahmenbedingungen eingebettet wird.

Kommunale Konversionsstrukturen aufbauen
Inklusion ist eine Entwicklung, die im Gemeinwesen, also auf kommunaler Ebene bzw. im Bereich der jeweiligen Gebietskörperschaften stattfindet. Ihnen kommt daher eine besondere Verantwortung im Rahmen des Transformationsprozesses zu.

Strukturelemente könnten sein:

1. Auf örtlicher Ebene könnten *Regionale Teilhabeverwirklichungskonferenzen* eingerichtet werden, die unter Beteiligung aller Akteure im Gemeinwesen die Gesamtentwicklung beobach-

ten und für einen strukturierten Entwicklungsprozess in Richtung eines »inklusiv(er)en Gemeinwesens« Sorge tragen. Statt der reinen Prozessbeobachtung sollte auch eine deutlichere Ergebnisorientierung in den Vordergrund treten: Was genau hat Inklusion einen Schritt weitergebracht und was nicht?

2. Bezogen auf die Unterstützungsleistungen sollten entsprechend den im sozialpsychiatrischen Bereich bereits erprobten Strukturen *Regionale Teilhabeverbünde* im Sinne einer regionalen *Inklusiven Management-Gesellschaft* geschaffen werden. Ihre wesentliche Aufgabe bestünde in der Abstimmung aller beteiligten Akteure und der Verteilung der personen- und nicht personenbezogenen Ressourcen, also der Steuerung der Finanzmittel.

3. Die Leistungsträger sollten die bisherigen personenbezogenen Finanzierungen aus der Leistungs-Systematik von Landesrahmenverträgen weiterentwickeln zu einer *Inklusiven Finanzierungssystematik,* die – wie in der Jugendhilfe und Psychiatrie erprobt – fallunspezifische und fallspezifischen Leistungen enthält und den Budget-Gedanken, inklusive des persönlichen Budgets, weiterentwickelt.

4. Folgt man dem Ansatz der Inklusion und den daraus abzuleitenden Schritten für die Leistungserbringung konsequent, so entfällt die Unterscheidung zwischen ambulant und stationär – ambulant statt stationär heißt die neue Linie. Neben der Verfügbarkeit von individuellem Wohnraum und einem individuellen Arbeits- bzw. Beschäftigungsplatz möglichst an den Orten, wo auch nicht behinderte Bürgerinnen und Bürger wohnen und arbeiten, kommt es darauf an, ausgehend vom individuellen Hilfebedarf den Sozialraum im Sinne der Inklusion zu stützen und zu stärken (lebensfeldorientiert, fallunspezifisch, eher pauschal) und die KlientInnen selbst (personenorientiert, prospektiv, fallspezifisch). Die Forderung, dass Person und Sozialraum in der Finanzierung gleichrangig nebeneinander stehen, beinhaltet nicht nur leistungsrechtlich ein Umdenken, sondern verändert auch die allgemeine Haushaltssystematik der Kommunen, die im Allgemeinen die Stärkung des Sozialraums als »freiwillige« Leistungen betrachten.

Individuelle Teilhabe verwirklichen

Um den Weg zu einer inklusiven Gesellschaft auf der individuellen Ebene für Menschen mit und ohne Behinderungen zu ebnen, müssen die bestehenden Steuerungsmodelle (Clearingverfahren, Hilfeplanung, Teilhabeplanung etc.) im Sinne einer auf Inklusion gerichteten Teilhabeplanung weiterentwickelt werden. Wesentlich ist hierbei die »gleichberechtigte Teilhabe« zu praktizieren, sich auf Augenhöhe zu begegnen und diesen Planungsprozess einer externen Qualitätssicherung zugänglich zu machen, statt hinter verschlossenen Türen intransparente Entscheidungen eines Leistungsträgers zu produzieren. Dabei ist auf Rechtssicherheit für alle Beteiligten, insbesondere für die hilfeberechtigten Menschen, zu achten.

Inklusion ist ein Konzept für alle

Die Zeichen gesellschaftlicher Entwicklungen sind zurzeit eher auf Exklusion gerichtet – gleichwohl entwickelt sich eine Bewegung in Richtung der Stärkung des gesamtgesellschaftlichen Systems zur Überwindung dieses Trends zur Exklusion und zur Befähigung der Gesamtgesellschaft zu mehr Inklusion. Bei diesem Gesamtprozess sollte niemand im aktuellen Hilfesystem »vergessen« werden oder gar zu Schaden kommen. Besonders gefährdet sind diejenigen, die einen besonders hohen Unterstützungsbedarf haben, wie z.B. Menschen mit schwersten und mehrfachen Behinderungen, Menschen mit herausforderndem Verhalten, Menschen, die aus der Forensik entlassen werden und viele andere mehr. Der Perspektivwechsel hin zu einer gleichberechtigten Teilhabe sollte auch vor Ort, z.B. in der konkreten Arbeit in einer gemeinwesen-integrierten Wohngemeinschaft für Menschen mit schwersten Behinderungen oder in einer fakultativ geschlossenen Gruppe spürbar und messbar werden. Gelingende Schritte zu einem »Mehr an Inklusion« für diesen Personenkreis wird die Messlatte für einen gelingenden Inklusionsfortschritt im Ganzen sein. Die Verantwortung für die entsprechende Achtsamkeit liegt dabei vor allem bei den Gebietskörperschaften.

Jürgen Schiedeck / Martin Stahlmann

Neoliberales Inklusionsregime
Über simulierte Inklusion und repressive Ent-Exkludierung

> »Die Müllmänner sind die unbesungenen Helden der Moderne.
> Tag für Tag erneuern und bearbeiten sie die Grenzlinie
> zwischen Normalität und Pathologie, Gesundheit und Krankheit,
> dem Wünschenswerten und dem Abstoßenden,
> dem Akzeptierten und dem Zurückgewiesenen,
> dem, was sich schickt, und dem, was sich nicht schickt,
> der Innen- und der Außenseite des menschlichen Universums.«
> Zygmunt Bauman

Der britische Soziologe Zygmunt Bauman weist in einem Vergleich des Orwellschen Big Brother mit dem TV-Big Brother auf einen wichtigen Unterschied hin: »Der alte Big Brother widmete sich dem *Einschluss*, der Integration. Die Leute mussten auf eine Linie gebracht und in diesem Zustand gehalten werden. Der neue Big Brother betreibt *Ausschluss*.« (2005, S. 187)

Der »neue Big Brother« basiert auf dem Casting-Prinzip. Einschluss und Ausschluss werden zu einem Spiel, in dem die Regeln des Fairplay außer Kraft gesetzt sind. Wer die gestellten Aufgaben meistert und den mehr oder weniger willkürlichen, geforderten Kriterien entspricht, bleibt im Rennen, wer nicht, fliegt raus. Votings entscheiden über Drinnen und Draußen, wobei die Beurteilungsmaßstäbe meist subjektiv oder intransparent sind. Somit ist Drinnen-Sein immer nur vorläufig, denn Ausschluss ist der eigentliche Sinn des Spiels. Dass Ausschluss dabei zufällig und beliebig ist, schadet dem Ganzen nicht, denn es geht in diesem Exklusionszirkus nicht um Legitimation, sondern um Medienspektakel und Massenunterhaltung.

Im Folgenden gehen wir von der These aus, dass Exklusion – Inklusion *die* Leitdifferenz der reflexiven Moderne ist. Sie markiert die Konfliktlinien im »Kampf um Anerkennung« (Axel Honneth), Teilhabe und Zugehörigkeit. Dies gilt nicht nur für Menschen mit Behinderungen, Migrationshintergrund, Suchterkrankungen, speziellen sexuellen Präferenzen, Psychiatrieerfahrung oder Menschen ohne festen Wohnsitz, also den klassisch Stigmatisierten und Ausgeschlossenen der Moderne. Im Prinzip unterliegt *jedes* Mitglied der Gesellschaft den gesellschaftlichen Prozessen der Inklusion/Exklusion. Die gesellschaftliche Entwicklung der letzten Jahre hat »… die Ausgeschlossenen längst zu einem integralen Teil unserer Gesellschaft werden lassen. Es ist nicht zu erkennen, wie sie aus der Welt zu schaffen wären, jede Inklusionsbemühung zeitigt über lang oder kurz bestimmte Exklusionseffekte, die jene wieder sichtbar machen, die man zum Verschwinden bringen wollte.« (Bude 2008, S. 20) Das bedeutet auch, dass eine vollständige Exklusion aus der Gesellschaft (fast) ausgeschlossen ist. Selbst wenn jemand aus bestimmten Bereichen (z.B. Erster Arbeitsmarkt, Regelschulsystem) aus welchen Gründen auch immer herausfällt, wird er in ein anderes System inkludiert – auch wenn es noch so unzureichend oder löchrig sein mag (z.B. ALG II, Förderschulen, System der Behindertenhilfe etc.).

Homogene Einheit oder heterogene Vielfalt?

Aus systemtheoretischer Sicht ist das Schema Inklusion – Exklusion eine formale, zunächst rein wertneutrale zweiseitige Unterscheidung. Inklusion kann es ohne Exklusion gar nicht geben. Wenn eine Unterscheidung von zugehörig / nicht-zugehörig getroffen wird, muss die eine Seite der Unterscheidung komplementär die andere immer mitdenken, sonst wäre die Unterscheidung gar nicht vorzunehmen.

In klar segmentierten Gesellschaften war Inklusion noch durch Zugehörigkeit zu Stamm, Stand oder Klasse gewährleistet. Ein Extrembeispiel hierfür stellt die nationalsozialistische ›Volksgemeinschaft‹ dar. Inklusion basierte nach der NS-Ideologie auf ›Blut‹ und ›Rasse‹. Zugehörigkeit konnte nicht erworben werden, sie bestand oder sie bestand nicht. Der biologistisch-rassistisch binäre Code unterschied zwischen ›arisch‹ / ›nicht-arisch‹. Die rassistischen Erfordernisse einer Total-Inklusion brachten auf der anderen Seite dann die ›Ausmerze‹ als Total-Exklusion hervor. Exklusion bedeutete so in Millionen von Fällen Exekution.

In funktional differenzierten Gesellschaften gibt es nun laut Systemtheorie keine absolute Leitdifferenz mehr, über die die Inklusion-Exklusion-Unterscheidung *gesellschaftsübergreifend* vorgenommen werden kann. Die Unterscheidung wird in die gesellschaftlichen Subsysteme verlegt und dort durch eine Vielzahl von spezifischen Codes der Teilsysteme wie Rechtswesen, Gesundheitswesen, Politik, Bildung, Sozialarbeit etc. geregelt (schuldig / unschuldig; gesund / krank; behindert / nicht-behindert; arm / reich; bestanden / nicht-bestanden; Fall / Nicht-Fall; auffällig / nicht-auffällig). So entsteht ein verschachteltes System von Inklusions- und Exklusionsprozessen; Zugehörigkeit / Nichtzugehörigkeit werden damit partiell und episodisch. Eine gesamtgesellschaftliche Steuerung von Inklusion wird in individualisierten Gesellschaften der Postmoderne immer schwieriger, was zur Folge hat, dass Inklusion nicht mehr zwangsläufig gesellschaftliche *Integration* bedeutet. Denn während Integration noch relativ stabile soziale Einheiten (Familie, Schule, Arbeit) voraussetzte, ist dies in funktional differenzierten Gesellschaften nicht mehr der Fall. Deren postmoderne sozioökonomische wie kommunikative Struktur verlangt eine gleichzeitige, aber auch ständig wechselnde Zugehörigkeit der Personen zu verschiedenen Teilsystemen der Gesellschaft – was ehemals qua Stand und Klasse unhinterfragt gesichert war, liegt nun in der Kraft und Verantwortung des je Einzelnen. Inklusion ist zur Bringschuld geworden, zur Eigenleistung. Exklusion gleicht einer Selbst-Exklusion derer, die nicht genügend soziales Gesellschafterkapital (Bourdieu) einbringen können oder wollen – oder aber aus dem Spiel herausgekickt werden. Die Bewältigung aller Lebensrisiken ist zunehmend individualisiert – eine kollektive Verantwortung gibt es nicht mehr. Diese Argumentationslogik täuscht darüber hinweg, dass Exklusionen zwar undramatisch verlaufen können, gleichwohl aber eine Kettenreaktion auslösen und zu kumulativer Exklusion führen können. So führt etwa der Verlust des Arbeitsplatzes auf Dauer häufig zu weiteren sozialen, kulturellen und wirtschaftlichen Exklusionsprozessen.

In der Überzeugung, die Verantwortung des Einzelnen zu stärken, werden – unter der Überschrift »Inklusion« – Instrumente der gesellschaftlichen Integration und Eingliederung gleich mit individualisiert (persönliches Budget, Ambulantisierung, individuelle Lernpläne etc.). So verstanden wird Inklusion aber zur Chiffre für eine verfeinerte Form von Exklusion, wie sich am Beispiel der Behindertenhilfe zeigen lässt: »Inklusion Behinderter war (und ist noch weitgehend) die Inklusion in Exklusionsbereiche, (...) oder, wie man sagen könnte, die Simulation von Inklusion.« (Fuchs 2002)

Wansing (2005) weist daher zurecht darauf hin, dass der rein formale Gebrauch des Schemas Exklusion-Inklusion, wie er in der Systemtheorie erfolgt, analytisch zwar hilfreich ist, praktisch aber zu kurz greift. Da *Personen* in der Systemtheorie nicht vorkommen, können systemisch bedingte psychosoziale Folgen für Einzelne nicht berücksichtigt werden. Menschliche Schicksale, die mit Exklusion-Inklusion verbunden sein können, werden ausgeblendet. Selbst wenn Integration aufgrund fehlender oder in Auflösung begriffener sozialer Zielsysteme in postmodernen, funktional differenzierten Gesellschaften nicht mehr möglich ist, so bleiben dennoch Fragen nach Inklusionspotenzialen und Exklusionsrisiken zu beantworten, denn sie entscheiden über Lebenschancen. Genau an dieser Stelle löst sich die ursprüngliche Wertfreiheit der Leitdifferenz Inklusion / Exklusion auf und offenbart ihren sozialpolitischen Sprengstoff: Wie kann Inklusion exkludierter Personen gelingen, wenn schon Integration fehlgeschlagen ist? Wie kann der Einzelne die Last der Lebensbewältigung tragen, wenn soziale Netze immer größere Löcher aufweisen?

Repressive Ent-Exkludierung

In der neoliberalen Marktgesellschaft kommen Exklusionsmechanismen ungehindert zum Einsatz und sorgen dafür, dass als nicht mehr verwertungsgeeignet eingestufte Personen ›freigesetzt‹ werden.

In den Maßnahmen des aktivierenden Sozialstaates greifen Exklusions- und Inklusionsmechanismen komplementär ineinander: die Devise lautet bekanntlich »Fördern und Fordern«. Ziel der aktivierenden Arbeitsmarkt- und Sozialpolitik ist die schnelle Wiedereingliederung (Re-Inklusion) von Arbeitslosen (Exkludierten) in den Arbeitsprozess. Dabei kommt die neue Leitdifferenz ›aktiv / passiv‹ zur Anwendung. Als passiv gilt eine Person, wenn ihr geringe Formbarkeit oder eine geringe Bereitschaft oder Fähigkeit zur Selbstformung attestiert wird. Förderung im Rahmen des Inklusionsprozesses konzentriert sich daher auf Motivations-, Bewerbungs- und Verhaltenstraining sowie auf Qualifizierung. Als Prototyp des Aktiven gilt das »unternehmerische Selbst« (Bröckling 2007), der selbstverantwortliche Arbeitskraftunternehmer, der – bereit zu permanenter Selbstoptimierung – sich gewandelten Arbeitsmarktbedingungen ›flexibel‹ anpasst.

Die Politik des »Förderns und Forderns« basiert auf einer Individualisierung der Ursachen sozialen Ausschlusses. Nicht mehr gesellschaftliche Strukturen und einseitige Verteilungsmechanismen, Macht- oder Produktionsverhältnisse werden als Ursachen sozialer Exklusion betrachtet, sondern individuelle Verhaltens- oder Haltungsdefizite. Hiernach hat der Exkludierte als Träger von Defiziten seine Exklusion selbst zu verantworten.

Sollten sich Exkludierte als ›förderresistent‹ erweisen, ihrer ›Inklusions-Verantwortung‹ also nicht nachkommen, sind fordernde Maßnahmen vorgesehen. Dies können Kürzungen der Bezüge (Exklusion der Exkludierten=Supraexklusion) oder Maßnahmen von ›Zwangsinklusion‹ (z. B. Zuweisung von Ein-Euro-Jobs) sein. In Anlehnung an Marcuses Begriff der ›repressiven Entsublimierung‹ und Foucaults ›Ent-Unterwerfung‹ könnte dies als repressive Ent-Exkludierung bezeichnet werden.

Die vom Arbeitsmarkt Ausgeschlossenen (›Freigesetzten‹) werden z. B. über Ein-Euro-Jobs oder Zeitarbeit wieder in den Arbeitsprozess inkludiert, wobei ihnen die Bedingungen dafür aber diktiert werden (›Fördern und Fordern‹). Häufig bedeutet das für die Betroffenen keine dauerhafte Teilhabe am Ersten Arbeitsmarkt in den von ihnen gewünschten Bereichen und zu Löhnen, die den Lebensunterhalt decken, sondern führt in eine ›Aufstocker-Existenz‹, die von zusätzlichen ›Transferleistungen‹ der ›Serviceagenturen‹ abhängig bleibt. Es handelt sich also nicht um Inklusion im eigentlichen Sinne, sondern um Ent-Exkludierung mit repressivem Charakter, die Inklusion lediglich simuliert. Derselbe Mechanismus greift, wenn Konzerne ihre ›Stammbelegschaft‹ abbauen (exkludieren), um sie dann über neu gegründete Tochterfirmen oder Zeitarbeitsagenturen bei längerer Arbeitszeit und niedrigen Löhnen wieder einzustellen (zu ent-exkludieren).

Die durch diese Prozesse hervorgerufenen sozialen Erschütterungen, die schon lange nicht mehr durch die o. a. klassischen Maßnahmen aufgefangen werden können, versucht die viel beschworene Zivilgesellschaft durch zusätzliche Inklusionsmaßnahmen abzufedern. Die Propagierung von Ehrenamt und bürgerschaftlichem Engagement sind zwei der nachgerüsteten Stoßdämpfer.

Neoliberale Inklusionsfallen

Doch auch bei ernsthaften Bemühungen um Inklusion besteht die Gefahr, dass sie sich nahtlos in die Logik des neoliberalen Gesellschaftsmodell einfügen lassen.

Zentrale Argumentationsfiguren der Inklusionsdebatte sind z. B. die »Anerkennung von Verschiedenheit«, die »egalitäre Differenz« (Honneth), die Möglichkeit, »ohne Angst verschieden sein zu können« (Adorno), getragen von der Erkenntnis, dass wir alle zwar Menschen sind, das aber auf eine sehr verschiedene Weise (Hannah Arendt). Behinderung, Alter, Geschlecht, Hautfarbe sind vor diesem Hintergrund genuine Aspekte des Menschseins, nicht aber berechtigte Gründe für einen Ausschluss aus dem gesellschaftlichen Leben (Exklusion). Diese zunächst einleuchtende, sozialrechtlich und sozialphilosophisch gut abgesicherte Argumentation kann aber, neoliberal gewendet, als Faustpfand für eine weitere (Leistungs-) Differenzierung ins Feld geführt werden. Gleichsam in Umkehrung des Grundgedankens wird argumentiert, dass Verschiedenheit zwar richtig sei, dann aber konsequent zu einer weiteren funktionalen Differenzierung führen müsse, damit jeder nach seinen Möglichkeiten gefördert und gefordert (meist mehr das Letztere) würde. Die viel beschworene Heterogenität basiert nicht auf einer gemeinsam geteilten absoluten Normbasis, sondern betrachtet ausschließlich das einzelne Individuum. Auch der Slogan »Es ist normal, verschieden zu sein« spielt neoliberalen Denkmustern in die Hände, kann er doch gesehen werden als neue Egalität Verschiedener. Wenn Verschiedenheit normal ist, also jeden betrifft, können – so zynisch es ist – individuelle Hilfeansprüche nur schwer eingeklagt werden. Genau das kommt neoliberalem Denken mit seinen Kernpunkten Individualisierung, Deregulierung und freier Markt entgegen.[1]

Foucault erkennt hierin neoliberale Machtmechanismen, bei denen »die Förderung von Handlungsoptionen nicht zu trennen [ist] von der Forderung, einen spezifischen Gebrauch von diesen ‚Freiheiten' zu machen, so dass die Freiheit zum Handeln sich oftmals in einen faktischen Zwang zum Handeln oder eine Entscheidungszumutung verwandelt. Da die Wahl der Handlungsoptionen als Ausdruck eines freien Willens erscheint, haben sich die Einzelnen die Folgen ihres Handels selbst zuzurechnen.« (Bröckling u. a. 2000, S. 30)

---

1 Die aktuelle Wirtschaftskrise suggeriert nur auf den ersten Blick ein Ende des freien Marktes. Realistischerweise ist eine Wiedererholung des bekannten Denk- und Handlungsmusters zu erwarten und deutet sich bereits am Horizont an.

Damit einher geht ein neoliberales Inklusionsregime, in dem jeder für seine Inklusion selbst verantwortlich ist und Exklusionsrisiken selbst zu tragen hat. Inklusive Bestrebungen, deren Basis eine wertorientierte Sozialphilosophie ist, treffen auf eine Gesellschaft, der eben diese wertorientierte Basis verloren gegangen, wenigstens aber so pluralisiert ist, dass sie sich als inklusionsunfähig erweist. Aber auch die Seite der Befürworter hat Probleme, betreibt sie doch Inklusion oft mit den mentalen und handwerklichen Mustern der (übrigens gescheiterten) Integration. Der Fokus liegt nämlich, wie gezeigt, immer noch auf den Exkludierten. Konsequent wäre die Konzentration auf die exkludierende Gesellschaft, die sich in Richtung Inklusionsfähigkeit zu verändern hätte. Nicht wenige soziale Gruppen von Exkludierten haben dies erkannt und eigene Subsysteme geschaffen, die sich einer machtvoll verordneten Inklusion verweigern.

Bei aller Sympathie für den Inklusionsgedanken, sei daher vor einem unkritischen Inklusionshype gewarnt, denn: »Wer nur noch Integration will, nichts als dazugehören, mitmachen, dabei sein, im Trend liegen, verrät damit, dass die Gleichschaltung nicht mehr ist, was ihn irgend schreckt, und es fragt sich warum: Weil es im Zeitalter entfesselter Deregulierung keine Gleichschaltung mehr gibt oder weil ihre mikroelektronische Form so umfassend und selbstverständlich geworden ist, dass sie kaum mehr bemerkt wird.« (Türcke 2002, S. 64)

Daher scheint uns auch gegenüber dem Inklusionsgedanken eine »kritische Haltung als Tugend« (Foucault 1992, S. 9) angebracht, wie Foucault sie für die ›Regierung‹ allgemein formuliert. Unter Regierung versteht er dabei alle Institutionen und Praktiken, mit Hilfe derer Menschen gelenkt werden, womit auch Inklusion / Exklusion Regierungspraktiken im foucaultschen Sinne darstellen. Leitfrage einer kritischen Haltung ist dabei für ihn: »Wie ist es möglich, dass man nicht derartig, im Namen dieser Prinzipien da, zu solchen Zwecken und mit solchen Verfahren regiert [inkludiert/exkludiert] wird – dass man nicht so und nicht dafür und nicht von denen da regiert [inkludiert/exkludiert] wird?« (Foucault 1992, S. 11/12)

Foucaults ›kritische Haltung‹ ist radikal, weil sie das Inklusionsparadigma nicht als normative Setzung akzeptiert, sondern die neuen Machtmechanismen inklusiver Praktiken hinterfragt. Fragen solcher Art könnten u. a. sein:
– Wie wird eigentlich festgestellt, markiert, definiert, wer ›inklusionsbedürftig‹ ist?
– Wie verändern sich dadurch Differenzmarkierungen und Normalitätsstandards?
– Wie lassen sich bipolare Differenzmarken dekonstruieren?
– Wie lässt sich Inklusion denken, ohne die Andersheit des Anderen zum Verschwinden zu bringen (Lévinas)?

Es geht also darum, »Ausschließungsprozesse gerade unter den Bedingungen gesellschaftlich gewollter Inklusion« (Brunner 2005, S. 296) aufzuzeigen und deren Machteffekte zu benennen.

Literatur:
Bauman, Z.: Verworfenes Leben. Die Ausgegrenzten der Moderne. Hamburg 2005.
Bröckling, U.: Das unternehmerische Selbst. Soziologie einer Subjektivierungsform. Frankfurt/M. 2007.
Bröckling, U./ Krasmann, S./ Lemke, Th. (Hg.): Gouvernementalität der Gegenwart. Studien zur Ökonomisierung des Sozialen. Frankfurt/M. 2000.
Bruner, C. F. : KörperSpuren. Zur Dekonstruktion von Körper und Behinderung in biografischen Erzählungen von Frauen. Bielefeld 2005.
Bude, H.: Die Ausgeschlossenen. Das Ende vom Traum einer gerechten Gesellschaft. München 2008.
Fuchs, P.: Behinderung‹ und Soziale Systeme. Anmerkungen zu einem schier unlösbaren Problem. In: Das gepfefferte Ferkel. Online-Journal für systemisches Denken und Handeln, Mai 2002. http://www.ibs-network.de/altesferkel/fuchs-behinderungen.shtml. [Zugriff: 08.10.08]
Foucault, M.: Was ist Kritik? Berlin 1992.
Hinz, A.: Von der Integration zur Inklusion – terminologisches Spiel oder konzeptionelle Weiterentwicklung? In: Zeitschrift für Heilpädagogik, 9/2002, S.354-361.
Türcke, Ch.: Erregte Gesellschaft. München 2002.
Wansing, G.: Teilhabe an der Gesellschaft. Menschen mit Behinderung zwischen Inklusion und Exklusion. Wiesbaden 2005.

Birgit Görres / Christian Zechert

»Exklusion verhindern!« und »Inklusion fördern!« – die europäische Perspektive

Not every child has an equal talent or an equal ability or equal motivation, but children have the equal right to develop their talent, their ability and their motivation.

Nicht jedes Kind hat das gleiche Talent oder die gleiche Fähigkeit oder gleiche Motivation, Kinder aber haben das gleiche Recht, ihre Talente, ihre Fähigkeiten und ihre Motivation zu entwickeln.

John F. Kennedy

»... ein großer Teil der so genannten neuen Chroniker befindet sich nach wie vor in Kreisläufen zwischen Klinikaufenthalt, therapeutischer Wohngemeinschaft, betreutem Einzelwohnen, Begleitung und Krisenintervention im Sozialpsychiatrischen Dienst, Tagesgestaltung in einer Tagestätte mit Zuverdienstmöglichkeit, einer Maßnahme der Berufsförderung und wieder in der Klinik. Sie zirkulieren in einem von der übrigen Gesellschaft kaum bemerkten, durch unsichtbare Grenzen markierten ambulanten Ghetto«.

So beschreibt von Kardorff (2005) die Entstehung dieser Sonderräume und ihre Auswirkungen auf die Betroffenen. Ähnliches stellen Vertreter der organisierten Psychiatrie-Erfahrenen schon seit längerem fest. Sie sprechen vom »psychiatrischen Get-

to«, aus dem man nicht mehr herauskommt. Ein Teil der Psychiatrie-Erfahrenen möchte wenig oder nichts mit Organisationen der
Gemeindepsychiatrie zu tun haben – oder wird selber Träger
gemeindepsychiatrischer Hilfen wie z.b. die Offene Herberge e.v.,
Stuttgart.

Interessant ist auch, dass Selbsthilfegruppen von Betroffenen in
Deutschland trotz eines seit den 1980er Jahren einsetzenden Auf-
schwungs noch immer einen geringeren Stellenwert als z.b. in Eng-
land haben. Sie werden nicht in dem notwendigen Maße unterstützt und finanziell gefördert, obwohl sie erheblich zu psychoso-
zialer und wirtschaftlicher Wertschöpfung beitragen (Halves,
Trojan und Wetendorf 1988).

Die Exklusion aus den sozialen Bezügen ist für psychisch
erkrankte Menschen auch in einem Sozialstaat wie der Bundesre-
publik Deutschland trotz des im Grundgesetz proklamierten
Benachteiligungsverbotes wie im Artikel 3 GG: »Niemand darf
wegen seiner Behinderung benachteiligt werden« geradezu die
Regel. Wer chronisch krank ist, wer behindert ist, für den werden
behindernde Situationen und Ausgrenzung zu alltäglichen Erleb-
nissen. Dies, obwohl doch mit dem Sozialgesetzbuch I bis XII und
insbesondere mit dem SGB IX »Rehabilitation und Teilhabe«
behinderter Menschen, ein umfassendes Instrumentarium an Hilfen zur Verfügung steht (Görres, Pirsig und Zechert 2009). Trotz
Lohnfortzahlung und Krankengeldanspruch, trotz Antidiskrimi-
nierungsgesetz und Gleichstellungsauftrag, trotz Teilhabe- und
Integrationsauftrag gelingt es ganz offensichtlich nicht, den
Anspruch der Gleichstellung von Menschen mit und ohne Behinderungen wirklich einzulösen. Hilfen setzen vielfach »reaktiv«
statt »präventiv« dann erst ein, wenn der längerfristig erkrankte
Mensch nahezu alles verloren hat und ein Fall für die Frühberen-
tung oder Sozialhilfe geworden ist.

Der Verlust von materieller und sozialer Zugehörigkeit ist dabei
weder eine typisch deutsche, noch europäische sondern weltweite
Erfahrung. »Exklusion« von Menschen mit psychischen Erkrankungen und Behinderungen ist ein generelles globales Phänomen.
Allerdings tritt »Exklusion« dabei durchaus in unterschiedlicher

Intensität in den Staaten auf und ist von der jeweiligen Sozial- und Gesundheitspolitik sowie den kulturellen, sozialen und politischen Normen des Landes abhängig.

Das Konzept der Inklusion

Inklusion weist über die konventionellen sozialpsychiatrischen Ansätze weit hinaus. Die Aufmerksamkeit geht weg von den speziellen Hilfsangeboten hin zur »gewöhnlichen« Teilhabe am sozialen Leben aller Menschen und richtet sich weniger auf die individuellen Symptome und Fertigkeiten Dabei spielen salutogenetische Ansätze, Recovery und Empowerment aber auch die Förderung von bürgerschaftlichem Engagement mit und für psychisch erkrankte Menschen eine wachsende Rolle. Die Erfahrungen aus europäischen Projekten wie Kwartiermaken aus den Niederlanden (Kal 2006) oder Capital Volunteering (www.csv.org.uk) aus Großbritannien zeigen, dass die bezahlte Beschäftigung Psychiatrie-Erfahrener im Bereich Gemeinwesenarbeit, Nachbarschaftshilfe und bei Selbsthilfeorganisationen Betroffener die Inklusion psychisch erkrankter Menschen deutlich fördert. Der Grundgedanke der Inklusion wird jedoch nicht erst seit der Veröffentlichung der UN-Konvention der Rechte von Menschen mit Behinderungen (siehe z.B. www2.institut-fuer-menschenrechte.de) in europäischen und internationalen psychiatrischen Dachorganisationen diskutiert und verbreitet. Trotz aller Kritik an einer gemeindepsychiatrischen Ghettobildung zeichnet sich Gemeindepsychiatrie mehrheitlich durch ihre innerstädtische Präsenz aus. Dabei sollten die gesellschaftlichen Räume so gestaltet sein, dass »Personen mit Besonderheiten« in ihr Raum finden und sich als gleichwertige Subjekte mit all ihrer Unterschiedlichkeit einbringen können: unity in diversity.

Europäische Initiativen zur Förderung von Inklusion

Bereits im Jahr 2000 hatte die Europäische Union als einen ihrer wichtigsten Arbeitsschwerpunkte den zehnjährigen »Social Inclusion Process« etabliert, ausdrücklich, um Armut in Europa bis zum Jahr 2010 beseitigt zu haben. Der Kampf gegen die Armut sollte als gemeinsamer politischer Auftrag in den EU-Mitgliedsstaaten integriert werden. Vor allem die von der EU-Kommission »Beschäftigung, Soziale Angelegenheiten und Chancengleichheit« geförderte Nicht-Regierungs-Organisation »Mental Health Europe« (MHE) hat sich seit 2002 in mehreren umfangreichen, 27 EU-Staaten zusammenfassenden Programmen wie dem »Good Practices for Combating Social Exclusion of People with Mental Health Problems« mit dieser Aufgabe beschäftigt. In zahlreichen mehrjährigen Projekten mit europäischen Partnern der Sozialpsychiatrie entstanden umfangreiche Good Practice Projekte zur Verhinderung von Exklusion erkrankter Menschen.

MHE hat sich darüber hinaus zum Arbeitsziel gesetzt, Tabus, Stigma und Vorurteile gegenüber psychisch erkrankten Menschen durch europäische Kampagnen zu verringern, um damit der sozialen Exklusion der Betroffenen entgegenzuwirken. An vier Beispielen von weit über 100 europäischen Inklusionsprojekten, die von MHE dokumentiert wurden, wollen wir zeigen, wie neue Akzente gesetzt werden, obgleich die Grundideen nicht neu sind. Erkennbar ist, dass die verschiedenen historischen und sozialen Entwicklungen einer gemeindepsychiatrischen Kultur auch zu unterschiedlichen Bewertungen hinsichtlich der »Radikalität« von Inklusion führen. Vier Beispiele aus *www.mentalhealth-socialinclusion.org*:

»Stand der Süßigkeiten« in Gent / Belgien

Das Projektziel ist einfach: Während des jährlichen Open Air Jazz Festivals in Gent werden selber hergestellte Desserts und Süßigkeiten von Patienten der örtlichen psychiatrischen Klinik verkauft.

Für die vier Tage des Festivals bedarf es einer halbjährigen Vorbereitungszeit: Was soll angeboten werden? Wie soll der Stand aussehen? Was muss ich lernen, um die Kekse zu backen? Wie kümmere ich mich mit den Festivalorganisatoren um den Stand? Wie gehen Festivalbesucher und Patienten miteinander um? Wie verkaufe ich am besten? Das Projekt soll die Bedürfnisse der Patienten berücksichtigen, Kontakt zu den Festivalbesuchern zu haben. Damit fördern sie auch ihre Fähigkeiten, sich kommerziell zu betätigen. Als innovativ im Sinne von Inklusion wird von dem Projekt der Aspekt der eigenverantwortlichen Tätigkeit am Verkaufsstand gesehen. Die meisten Festivalbesucher sind nicht darauf vorbereitet, mit »Patienten« konfrontiert zu werden. Die Besucher erleben, dass die »Patienten« durchaus in der Lage sind kommerziell zu handeln. Das generelle Inklusionsziel des Projektes ist es, zu illustrieren, dass psychiatrische Patienten auch in der gewerblichen Welt ihren Platz haben. Projekt: *www.guislain.be*

Stimmenhörer Selbsthilfegruppe und Angehörige in Prato/ Italien

Mit Unterstützung des lokalen Gemeinderates und des örtlichen Gesundheitsdienstes gründete sich eine Gruppe »Stimmenhörer«, die sich seitdem regelmäßig in Räumlichkeiten des Gemeinderates treffen. Nach einiger Zeit wurde auch die Angehörigengruppe mit Zustimmung der Stimmerhörergruppe in die Methodik des Umgangs mit Stimmenhören auf der Basis von Marius Romme (siehe www.stimmenhoeren.de) eingeführt. Ziel des Projektes ist es, sich und anderen Menschen zu helfen, das »Stimmenhören« zu verstehen. Dazu gehört die Beteiligung an einem internationalen Stimmenhörer Netzwerk, welches den Austausch von Erfahrungen erlaubt. Beteiligt sind hier neben 3 professionellen Helfern 10 Stimmenhörer und 7 Angehörige. Die Stärke des Projektes ist die Initiierung von Selbsthilfe und der Kampf gegen Stigma. Die für die traditionelle Psychiatrie ungewohnte Herangehensweise der »Stimmenhörer« zählt zwar zu den Außenseitermethoden, dennoch gelang es ihr auch innerhalb des örtlichen Gesundheitsdienstes von Prato »Gehör zu finden«. Kontakt: *donatella.miccinesi@virgilio.it*

Der wunderbare Garten in Louvigny / Frankreich

Ein 1800 qm großer städtischer Garten mit 500 qm für Gemüseanbau wird von Menschen mit seelischen Problemen gestaltet und betrieben. Voraus ging der Abschluss eines Vertrages zwischen der Stadt Louvigny und den gemeinnützigen Organisation Advocacy und Ardes. Inklusionsziel des Projektes ist es, Menschen außerhalb des üblichen Rahmens der konventionellen Hilfen in ökonomische Tätigkeiten einzubeziehen. Mit dem Gartenbetrieb soll aber auch etwas für die Gemeinde getan werden: Gemüse zu verkaufen oder selber zu verbrauchen oder sich einfach dort aufzuhalten und zu entspannen. Der Garten ist für alle Einwohner von Louvigny geöffnet. In ihm finden Veranstaltungen und events durch Partnerorganisationen, Grundschulen oder Kunstausstellungen statt. Finanziert wird er durch staatliche und lokale Zuschüsse sowie dem Verkauf des Gemüses. Die Innovation besteht darin, dass der »wunderbare Garten« für alle Bürger geöffnet ist und zugleich den Kontakt zwischen Bürgern und Menschen mit seelischen Problemen ermöglicht. Er gehört ausdrücklich nicht in den Bereich der regelhaft geförderten Arbeit für Menschen mit Behinderung. Der Garten soll ein Beispiel dafür sein, wie Klienten aus der Rolle passiver Konsumenten in die Rolle eines aktiven Kollektivs wechseln und von der regionalen Politik dabei unterstützt werden. Die Trägerorganisation des Gartens arbeitet deshalb eng mit den lokalen politischen Instanzen zusammen. Kontakt: *advocacy.caen@free.fr*

Acht Vida-Zentren in Tschechien

»Vidacentrum« – ein Informations- und Beratungszentrum (www.vidacentrum.cz) berät auf Anfragen Hilfesuchende und vermittelt Informationen im Bereich seelischer Gesundheit und ihrer Störungen. In den acht Zentren arbeiten vor allem Menschen mit Psychoseerfahrung, die sich in die Arbeit einbringen und sich nicht scheuen offen über ihre Erfahrungen zu sprechen. Selber lernen sie strukturiert zu arbeiten, Verantwortung für sich und Sorge für andere zu übernehmen. In 2005 konnten in einem Vidacentrum 390 Klienten beraten und 483 Anfragen beantwortet werden. Die Anfrager waren zu 69% Nutzer, 11% Eltern and Angehörige, 4% Experten aus verschiedenen Bereichen sowie 16% allgemeine Öffentlichkeit. Die Innovation besteht darin, dass die eher langsame Entwicklung der Selbsthilfe in Tschechien beschleunigt wird. Es zeigt sich, dass es zu positiven Effekten in der Betreuung und den Lebensbedingungen kommt. Seit 2002 konnte damit im tschechischen psychosozialen Versorgungssystem eine Lücke geschlossen werden. Das Projekt hilft soziale Isolierung zu überwinden. Es verbindet die Nutzer und führt zur Verantwortungsübernahme und stärkt die Unabhängigkeit von professioneller Hilfe. In jedem der acht Vidazentren arbeiten 4-6 Nutzer, ein professioneller Koordinator, ein beratender Experte sowie ein psychiatrieerfahrener Stellvertreter. Kontakt: *vida@vidacentrum.cz*

Perspektiven

Um zu einer besseren Praxis von Inklusion zu gelangen, bedarf es nach Bricker (1995) dreier Schritte:

(1) Einer Veränderung unserer Einstellungen: »Wie gehen wir mit Anderssein um, wie werden Menschen mit Besonderheiten unsere Partner, was muss ich an mir selber ändern?«

(2) Der zweite Schritt ist die Mobilisierung entsprechender Ressourcen: Können wir gemeinsam Inklusion als Ziel sehen und gemeinsam entsprechende Planungen entwickeln? Wie können wir

Menschen mit Besonderheiten stärker als bisher in unsere Arbeitsabläufe einbeziehen und ihnen Raum für eigene Ideen und Ziel-
setzungen geben?

(3) Im dritten Schritt gilt es, Projekte zu entwickeln, die Inter-
aktion und Vernetzung fördern.

Bislang hatte die Gemeindepsychiatrie in Deutschland den
Anschluss an die europäische Entwicklungen nicht befriedigend
gefunden. In vielen europäischen gemeinde- oder sozialpsychiatrischen Projekten und Dachorganisationen ist Deutschland nur
marginal vertreten. Andererseits gibt es in Deutschland eine Reihe
von Beispielen und Projekten, die den europäischen Inklusionsprojekten nicht nachstehen.

Die Rolle der Gemeindepsychiatrie

Gemeindepsychiatrie wendet sich gegen die Psychiatrisierung und
Individualisierung von sozialen Schwierigkeiten, wie z.B. bei
Arbeits- oder Wohnungslosigkeit infolge anhaltender Erkrankung.
Dennoch ist gut belegt, dass erkrankungsbedingte und soziale
Gründe häufig Hand in Hand gehen und zum Teil hochspezialisierte Angebote für bestimmte Klientengruppen den Vorwurf der
gemeindepsychiatrischen Ghettobildung erhärten. Inklusion hingegen will helfen, die mit spezialisierten Angeboten einhergehende
soziale Isolierung zu verringern. Inklusion kann ebenso lebens-
feldorientierte professionelle Hilfen mit dem Empowerment Psychiatrie-Erfahrener verbinden.

Dies bedeutet bei der Förderung von Inklusion das Augenmerk
noch stärker auf folgende Aspekte gemeindepsychiatrischer Arbeit
zu legen:

- Selbsthilfe vor Fremdhilfe, ohne den Klienten dabei alleine zu
lassen,
- Nachbarschafts- vor professioneller Hilfe, ohne beides gegen-
einander auszuspielen,

- Unterstützung für Familien besser zu bündeln und nicht als »Almosen-Empfänger« zu stigmatisieren,
- ambulant statt stationär; soziotherapeutische, ambulante Komplexleistungen ausbauen,
- ein normaler Arbeitsplatz vor einer Beschäftigungs- oder Trainingsmaßnahme, u.a.

Psychiatrie-Erfahrene beschreiben ihr Engagement in Selbsthilfegruppen, Psychoseseminaren und in selbst organisierten Zusammenhängen überall in Europa als stärkend und bereichernd. Durch die Verbindung von emotionaler Unterstützung, Gemeinschaft und sozialem Engagement für andere, haben diese sozialen Netzwerke starken Einfluss auf das Selbstbewusstsein. Die WHO beschrieb dies so: »Die Zugehörigkeit zu einem sozialen Netzwerk mit kommunikativen und wechselseitigen Verpflichtungen lässt Menschen sich umsorgt fühlen, geliebt und wertgeschätzt. Dies hat eine sehr wirksame Auswirkung auf die Gesundheit. Unterstützende Beziehungen können also gesünderes Verhalten ermöglichen.« (Wilkinson und Marmot, WHO 2003). Zur Förderung von Inklusion wäre also der Aufbau von sozialen Netzwerken Betroffener zu stärken. Dazu gehört auch eine gemeinsame Vernetzung mit den Hilfsorganisationen in der Gemeinde und anderen Selbsthilfeorganisationen oder die breitere Förderung des Trialogs/Quadrologs.

Fazit

Das europäische Konzept der Inklusion bedeutet, dass sich nicht die abweichende Person verändern muss, sondern der Einzelne, die helfende Organisation, die Gesellschaft, aber auch Gesetzgebung und Arbeitswelt sich mehr als bisher auf Menschen mit anderem Verhalten einstellen. Aus den Projektergebnissen der europäischen Länder wird deutlich, dass dieses Konzept für psychisch erkrankte Menschen dann besonders erfolgreich ist, wenn alle Menschen mit ihren Ressourcen und Interessen beteiligt sind und ihr soziales Umfeld einbezogen wird. Dies ist eine ständige Aufforderung, Menschen in ihrem Umfeld, in ihrer Nachbarschaft und familiären Umgebung besser wahrzunehmen.

Das Konzept der Inklusion weist viele Parallelen zu Grundsätzen der Träger der Gemeindepsychiatrie auf. Bei den Hilfen und Angeboten der Gemeindepsychiatrie geht es um lebensweltorientierte Hilfen, bei dem der durch Krise oder Krankheit entstandene Verlust von Arbeit, Familie und sozialen Beziehungen entgegen gearbeitet wird. Eine sozial inklusive Gesellschaft mit ihren erkrankten Menschen und ihren Angehörigen ist eine Gesellschaft, in der sich alle Menschen wertgeschätzt fühlen, ihre Unterschiedlichkeiten respektiert und ihre Bedürfnisse befriedigt werden, so dass sie in Vielfalt leben können. Ein anspruchsvolles Ziel für alle Regionen Europas.

Mit der von Europa ausgehenden Inklusionsdebatte findet Deutschland Anschluss an die europäische und internationale Entwicklung (Görres und Zechert 2009).

Verknüpft ist sie durch Modellprojekte und einzelne europäische Initiativen. Aus deutscher Sicht kann man sagen: »Endlich passiert auch mitten in der deutschen Gemeindepsychiatrie ein Stück Europa.«

Literatur:
Bricker, D.: The challenge of inclusion. Journal of Early Intervention, 19 (1995), S. 179-194
Görres, B.; Zechert, C.: Der dritte Sozialraum als Handlungsort gemeindepsychiatrischer Organisationen. Praxis Gemeindepsychiatrie 2, Bonn 2009, Dachverband Gemeindepsychiatrie
Halves, E.; Trojan, A.; Wetendorf, H.-W.: »Kosten« und Nutzen von Selbsthilfegruppen. In: Teichert, V. (Hg.): Alternativen zur Erwerbsarbeit? Opladen 1988, S. 159-176
Kal, D.: Gastfreundschaft. Das niederländische Konzept Kwartiermaken, Neumünster 2006 Paranus-Verlag
Kardorff, E. v.: Kein Ende der Ausgrenzung Ver-rückter in Sicht? In: Anhorn, R. & Bettinger, F. (Hg.): Sozialer Ausschluss und Soziale Arbeit. Opladen 2005, Verlag für Sozialwissenschaften, S. 253-271
Mental Health Europe: Good practice for combating social exclusion of people with mental health problems 2005 – 2007, A collection from Ten EU Member States resulting from Mental Health Europe's Transnational Exchange 2005-2007, Brüssel 2007, Mental Health Europe

Mental Health and Social Exklusion – Social Exclusion Unit Report. Office of the Deputy Prime Minister, London 2004

Mental Health in the EU. Key Facts, Figures, and Activities. European Communities, Brüssel 2008

Social determinants of health: the solid facts. 2nd edition. Edited by Richard Wilkinson and Michael Marmot. World Health Organization 2003, Regional Office for Europe, Copenhagen

Internet (Stand 2. März 2010):

www.csv.org.uk
www.mentalhealth-socialinclusion.org
www.mhe-sme.org
www.socialinclusion.org.uk

Doortje Kal

Kwartiermakersfestivals –
Über die Sehnsucht nach Sichtbarkeit

> »Wo *Kunst ist, nimmt der Schmerz ab, wo Poesie ist,*
> *wird die institutionelle Ordnung durchbrochen.*«
> (Almer, 2010)

Kwartiermaken handelt von der Bewerkstelligung aller Veränderungen, die innerhalb der Gesellschaft nötig sind, um von einer wirklichen Rückkehr derjenigen Menschen in das normale Leben sprechen zu können, die ihre ungewöhnlichen Leben institutionalisiert oder zu Hause hinter verschlossenen Gardinen führen. Unter Kwartiermaken werden, mit anderen Worten, die Anstrengungen verstanden, die darauf ausgerichtet sind, gesellschaftliche Situationen zu kreieren, sie zugänglich zu machen und nötigenfalls anzupassen, egal ob es um bezahlte oder ehrenamtliche Arbeit, sozialkulturelle Arbeit (Nachbarschaftszentren), Sportvereine, Kirchen oder Moscheen, Chöre, Volkshochschulen oder Netzwerke von Freundschaften geht.

Meine Habilitation *Kwartiermaken*, die unter dem Titel *Gastfreundschaft* ins Deutsche übersetzt wurde, handelt von genau diesem Arbeiten an einer gastfreundlichen Gesellschaft. Von der Habilitation soll an dieser Stelle keine Rede sein – darauf wurde bereits in allerlei Lesungen, die auch publiziert wurden, näher eingegangen[1]. Die *Kwartiermakersfestivals* wurden dabei allerdings noch nie zur Sprache gebracht. Es ist nicht einfach, über ein Festival, das vor allem aus künstlerischen Vorstellungen besteht, zu schreiben – so etwas muss man eigentlich selbst erleben.

Über Kwartiermakersfestivals

Ein Kwartiermakersfestival ist ein kulturelles Event, das auf die Begegnung zwischen Menschen mit und ohne psychiatrischem Hintergrund ausgerichtet ist. In Haarlem, Groningen, Mittelbrabant, Amsterdam, Arnheim und Breda fanden inzwischen insgesamt beinahe 25 mal meist mehrtägige Festivals statt. Theater, Tanz, Musik, Ausstellungen und Filme wechseln einander ab und ziehen hunderte von Menschen an. Auf den Podien stehen pro Vorstellung dutzende Menschen mit psychiatrischem Hintergrund. An der Organisation wirken, neben den Professionals, dutzende von ehrenamtlichen Mitarbeitern mit, unter anderem Menschen mit psychiatrischem Hintergrund. Bei jedem Festival werden etablierte Künstler mit einbezogen. Die Festivals können sich zwar untereinander stark voneinander unterscheiden[2], alle zeichnen sich aber gemeinsam dadurch aus, dass sie sich als kulturelles Event profilieren. Dabei verdienen vor allem die folgenden Rahmenbedingungen besondere Aufmerksamkeit:

1. Menschen mit einem psychiatrischen Hintergrund, unter anderem Künstler, werden, wenn möglich, mit Menschen ohne psychiatrischen Hintergrund im Rahmen einer Vorstellung, z.B. einer Tanz- oder Theatervorstellung, einem Konzert oder einer Ausstellung, zusammengebracht. Im Idealfall stehen diese Vorstellungen/Ausstellungen unter der Leitung eines renommierten Choreographen, Regisseurs, Komponisten oder bildenden Künstlers. Idealerweise finden die Vorstellungen an reizvollen, etablierten Orten statt: in Schauspielhäusern, Musikpodien oder Museen/Galerien.

»Das Gefühl von Wohlbefinden nimmt bei vielen Klienten zu, wenn sie in einer Umgebung funktionieren, die die allgemeinen, gesellschaftlich akzeptierten Standards erfüllt. Solch eine Umge-

---

1 z.B. in: Soziale Psychiatrie 3/2008 und 2/2010
2 siehe auch www.kwartiermakeningroningen.nl, www.kwartiermakersfestival-mb.nl, www.kwartiermakersfestival-amsterdam.nl, www.kwartiermakersfestivalarnhem.nl

bung hat scheinbar eine positive Ausstrahlung auf ihre eigene Person; ihr Selbstbild und ihr Selbstwertgefühl nehmen in gewisser Weise die Farbe der als hochwertiger eingestuften Umgebung an.« *(Van Weeghel, 1996)*

2. Diese idealen Voraussetzungen sind nötig, um ein zweites Ziel zu erreichen, nämlich um ein Publikum anzuziehen, das Tanz, Theater, Musik oder bildende Kunst und den jeweiligen Choreographen, Regisseur oder Musiker schätzt. Natürlich muss es sich auch von der neuen Gruppe der Beteiligten überraschen lassen wollen.

Kwartiermakersfestivals versuchen, neue Bilder über diese stigmatisierte und an den Rand gedrängte Gruppe von Menschen entstehen zu lassen und eine positive Anteilnahme zu fördern. Ein guter »Gemeinschaftskünstler" (Gemeinschaftskunst, *community art* oder engagierte Kunst) versteht es, das Beste aus – manchmal sehr eingeschränkten – Menschen hervorzulocken und eine passende Rolle für sie zu finden, eine Rolle jedoch, die sehr wohl etwas zu der Vorstellung als Ganzes beiträgt.

Teilnehmer geben an, wie ihre Teilnahme an solch einer Kunstproduktion zu ihrer Selbstachtung beigetragen hat:

»Dann bin ich zum Theaterworkshop gegangen und bin aufgetreten. Es hat sich angefühlt, als ob ich über den roten Teppich gelaufen wäre. Mit einem Wort: WOW!!!! Ich habe mich wie ein Mensch gefühlt und nicht wie ein Patient.«

3. Ein Festival kann außerdem auch von bereits vorhandenen (professionellen) Produktionen Gebrauch machen, wie zum Beispiel von *Keefman* von Jan Arends (ein in den Niederlanden bekannter Monolog)[3], Gogols *Tagebuch eines Verrückten*, in Deutschland vielleicht von Kipphardts *Das Leben des schizophre-*

---

3 siehe auch den Auftakt eines jeden Kapitels von »Gastfreundschaft«.

nen Dichters Alexander März sowie von zahllosen Filmen wie z.B.
Ben X, Shine, A beautiful mind oder *Uwe geht zu Fuß*. (Und dann
sind da natürlich noch allerlei Zwischenformen: (in den Niederlanden) Theatergruppen wie *Firma Sorgentapete, Verkanntes
Talent, Mode mit Mission, MenschenZoo, Musiktheater Vlieg.*

Inspiriert durch *Lof der zichtbaarheid (Lob der Sichtbarkeit)* des
flämischen Philosophen Rudi Visker (2007) sehe ich ein Kwartiermakersfestival als einen öffentlichen Moment, in dem Aufmerksamkeit für und von einer Gruppe Menschen initiiert wird. Es ist
dies eine Gruppe Menschen, mit der es die Gesellschaft (als Mitbürger oder als Professional) manchmal schwer hat und die genau
deshalb Aufmerksamkeit verdient – nicht im Zusammenhang mit
Problemen, sondern im Zusammenhang mit den schönen Küns-
ten. (Im Übrigen hat diese Gruppe Menschen es anders herum
auch oft ziemlich schwer mit der Gesellschaft.) Auf einem Festival
erwerben nicht-professionelle Künstler (oder professionelle Künstler ohne professionelle Praxis) mit künstlerischen Mitteln eine
Ausdrucksform, um an ihrer Emanzipation zu arbeiten. Gemeinschaftskunst erhöht das Selbstvertrauen der Teilnehmer, es trägt
zu ihrem *empowerment* bei: eine ungehörte Gruppe bekommt eine
Stimme. Das Schöne ist, dass viele Künstler – abgesehen davon,
dass sie selbst Missstände in der Gesellschaft anprangern – auch
gerne mit »(Amateur-) Künstlern aus der Gemeinschaft« zusammen arbeiten. Menschen wird die Möglichkeit des Mitmachens
geboten, wobei die Erfahrungen alle Beteiligten bereichert (Kal
2007).

Ein Kwartiermakersfestival geht von einer Reihe Ausgangspunk-
ten aus:
1. Der psychiatrische Hintergrund der Teilnehmer innerhalb der
Organisation, auf der Bühne und unter den Zuschauern wird
nicht verschleiert, die Menschen werden aber nicht auf diesen
Hintergrund reduziert.
2. Es wird anerkannt, dass wir alle »Träger von Unterschiedlichkeit« sind, jedoch nicht alle von derselben Unterschiedlichkeit.

Erst in der Begegnung mit dem Anderen fühlt man, an welchen Stellen das Unterschiedlich-Sein eventuell problematisch wird. Die Verschiedenheit der Unterschiede ist nicht unwichtig. Für mich ist es der springende Punkt, ob die Unterschiedlichkeit zur Ausgrenzung führt und/oder ob der Betroffen selbst unter der Unterschiedlichkeit leidet.

3. Wir alle sehnen uns nach Anerkennung für das, was uns wichtig ist und was uns wichtig macht. Wir organisieren ein Festival als ein Geschehen, bei dem der Andersartigkeit auf eine künstlerische Art und Weise Ausdruck verliehen und diese damit auf die Tagesordnung gesetzt wird. Nach dem Festival weiß man, dass es da eine Gruppe Menschen gibt, die gerne am gesellschaftlichen Leben teilnimmt, dies jedoch unter Beibehaltung ihrer Unterschiedlichkeit/Eigenheit und nicht unter gleichmacherischem Assimilationsdruck.

Manchmal werde ich gefragt, ob wir Kwartiermaker nicht viel zu idealistisch seien. Und gehen wir auch den richtigen Weg, um unsere Ziele zu erreichen? Ist zum Beispiel ein Festival die richtige Art und Weise, um Inklusion zu fördern?

Dankbar bin ich auf das Angebot dreier Studentinnen der Hochschule Utrecht eingegangen, die Auswirkungen von acht Kwartiermakerfestivals zu untersuchen. Gleichzeitig habe ich mich in *Lob der Sichtbarkeit* vertieft. Über Viskers Erkenntnisse, übertragen auf die Festivals, werde ich nun etwas mehr erzählen.

Visker beschreibt bei zurückgesetzten Gruppierungen ein Verlangen nach Sichtbarkeit. Man weiß vielleicht nicht genau, was das eigene Anders-Sein beinhaltet, will es aber vielleicht genau deswegen als etwas Wichtiges anerkannt und respektiert wissen, etwas, das nicht im Verborgenen bleiben muss.

»Die Öffnung zur Welt. Ich finde es wichtig, dass es eine Öffnung zur Welt gibt. Denn der psychiatrische Patient ist immer von der Welt abgeschlossen, da darf er nicht so schnell hinein.« (Barbara Douwes in Zandinga, Koelmans en Zwart, 2009)[4]

Sich im öffentlichen Raum in Wort und Tat darzustellen, macht etwas mit Menschen. Das Öffentliche ermöglicht es dem Festival-künstler, mit seinem Anders-Sein nicht allein oder abgeschlossen in einer Gruppe mit dem gleichen Hintergrund zu bleiben. Unterschiede werden lebenswert und erträglich. Sich auf einem Festival an den »fremden Blick« eines anderen auszuliefern, kann dazu führen, dass man mit anderen Augen auf das eigene Anders-Sein schaut – und das gilt andersherum auch für den Zuschauer, seine Normalität kann relativiert werden.

»Ich finde meine Teilnahme an dem Festival fantastisch, denn meine Welt wird vergrößert. Und ich bekomme endlich Raum, um meine eigene Welt sehen zu lassen.« (Barbara Douwes)

Ich bin übrigens der Meinung, dass der Effekt eines Festivals in dem Maße zunimmt, in dem es in eine breitere Kwartiermakers-praxis eingebettet ist.

Hier sei außerdem noch angemerkt, dass neben den Verant-wortlichkeiten (z.B.) einer Gemeindeverwaltung auch die Einbe-ziehung der Institutionen der psychosozialen Versorgung selbst von großer Wichtigkeit ist. Selbst Sozialarbeiter scheinen oftmals ernsthaft stigmatisierende Bilder von »ihren« Klienten zu haben (s.a. Untersuchungen von Zandinga, Koelmans und Swart, 2009 sowie von Plooy, 2007).

Alles nur eine Frage des Organisierens von Begegnungen?

Innerhalb des Kwartiermakens im Allgemeinen und bei den Festi-vals im Besonderen richten wir den Fokus auf das Organisieren von Begegnungen. *Lob der Sichtbarkeit* thematisiert und proble-matisiert diese Arbeits- und Sichtweise. Visker findet, dass diese Strategie zu sehr auf das Verändern des (gleichgültigen) Subjekts

---

4 siehe auch die sehr passenden Beispiele in Inklusion ist kein schneller Trost... oder Nur Widerstreit führt zur Zugehörigkeit (Teil II), Seite 12, Bremer, 2009

abzielt, darauf, dieses zu läutern und von allem zu reinigen, was es daran hindert, eine echte Begegnung zustande kommen zu lassen. Er stellt – zwar eigentlich vor dem Hintergrund der multikulturellen Gesellschaft, meiner Meinung nach aber auch übertragbar auf die inklusive Gesellschaft – die Frage, ob all die in der Gesellschaft vorkommenden Verschiedenheiten überhaupt miteinander harmonisieren können.

Visker sagt –ich übertrage es wieder auf das Kwartiermaken –, es werde zu viel davon ausgegangen, dass die beabsichtigte intersubjektive Begegnung nicht zustande komme, weil man dem Anderen, in unserem Fall den Menschen mit einem psychiatrischen Handicap, nicht offen gegenüber stehen *will*. Damit unterstellen wir, dass Menschen zwar offen sein wollen, es aber nicht können, und so versuchen wir, sie zu Offenheit zu verleiten. Visker betont jedoch, dass das Subjekt auch Träger von Gefühllosigkeit – der Kehrseite seiner Fähigkeit zu fühlen – ist, und dass das nicht immer dasselbe ist wie die Weigerung zu fühlen. Die wirkliche Schwierigkeit liegt nicht im Vorwurf der Gleichgültigkeit, sondern in der Nicht-Gleichgültigkeit, besser gesagt der übermäßigen Anteilnahme, darin einander nicht in Ruhe lassen zu können, einander keinen Raum geben zu können. (Ein Beispiel hierfür ist in den Niederlanden der Politiker Geert Wilders im Bezug auf die islamitische Gemeinschaft.)

Viskers Ansicht nach ist der Traum vom erlösenden (guten, d.h. dem fremden, gehandicapten, närrischen) *Anderen* ausgeträumt. Da ist auch noch ein Anderer, der uns nicht so sehr erlöst, sondern vielmehr mit etwas konfrontiert, was als lästig empfunden wird, etwas, an das man sich nicht herantrauen will. Darum schlägt er eine andere Strategie vor.

Visker versucht, einen bestimmten Gedanken von Hannah Arendt zu aktualisieren. Sie stellt die These auf, dass es etwas mit Menschen macht, sich im öffentlichen Raum in Wort und Tat zu zeigen. Der öffentliche Raum ist in diesem Sinne produktiv. Das Öffentliche bewirkt, dass ich mit meiner Andersartigkeit nicht allein bleibe, einer Andersartigkeit, mit der ich mich vielleicht verbunden fühle, die mich aber auch zu einer Minderheit macht und mich deshalb einengt. Das »es« wird symbolisiert. Menschen ist es wichtig, an einem öffentlichen Raum teilzuhaben, der größer ist als der von Gleichgesinnten. Und vielleicht hat es auch mit der Erfahrung zu tun, dass ich etwas anders anpacken kann, ohne meine Andersartigkeit aufgeben zu müssen.

Mit den Festivals machen wir deutlich, dass der öffentliche Raum nicht nur für den »Standardmenschen« da ist, für die kleine Mehrheit der »dikke-ikken« (»*Dicke-Ich's*«, *Menschen mit großem Ego*) (Kunneman, 2005). Der öffentliche Raum ist der Raum, in dem ans Licht kommt, was Menschen voneinander unterscheidet. Nochmals: er macht die Befreiung des »privaten Selbst« möglich. Ein Festival verleiht meinem Anders-Sein Sichtbarkeit und somit die Anerkennung, dass es der Gesellschaft etwas bedeutet, was sie als wichtig erachtet, etwas, dessen ich mich nicht schämen muss. Hiervon werden nicht alle Mitbürger begeistert sein; dass das auch nicht möglich ist, haben wir im oben Beschriebenen sehen können. Wir können jedoch mit Hilfe der Festivals an der Sichtbarkeit arbeiten und diese ist – solange genug Menschen daran teilnehmen – sehr produktiv für die Menschen, die es betrifft.

Weiche Bürgerschaftskompetenzen

Zu Beginn des Jahres 2009 hielt Sandra Trienekens ihre Antrittsrede als Lehrbeauftragte für *aktive Bürgerschaft*. Sie platziert Kunst ins Herz der Gesellschaft. Sie spricht die Vermutung aus, dass (Gemeinschafts-)Kunst helfen kann, »weiche Bürgerschaftskompetenzen« bei Bürgern und Institutionen zu erzeugen. Unter »weichen Bürgerschaftskompetenzen« versteht sie u.a. die Kraft, mit manchmal unlösbaren Unterschiedlichkeiten zu leben, die Kraft, der Diversität in den öffentlichen Domänen einen positiven Platz zu geben, beziehungsweise die Kraft, nicht das, was anders ist, ins Private zu verbannen. Weiche Bürgerschaftskompetenzen betreffen die Kraft, das Nicht-Perfekte zu akzeptieren und Unterschiedlichkeiten auszuhalten.

»*Sie sagten: Wir haben noch nie so 'ne Barbara gesehen. Ich fühlte mich dabei so gut. Ich blühe auf einmal auf. Da blühte etwas in mir auf, wovon ich dachte, dass es nie mehr aufblühen würde. Ich dachte, dass ich für immer mit der Psychiatrie verbunden sein würde. Ich bin für immer und ewig Patient. Ich werde für immer und ewig als psychiatrischer Patient beurteilt werden ...*« (Barbara Douwes)

Übersetzung: Sabine Schleimer

Literatur:
Michi Almer (2010): Frente de Aristas del Borda, in: Deviant 64
Fritz Bremer (2009): Inklusion ist kein schneller Trost... oder Nur Widerstreit führt zur Zugehörigkeit (Teil II), in: Soziale Psychiatrie, Heft 4/2009
Doortje Kal (2006): Gastfreundschaft. Das niederländische Konzept Kwartiermaken, Neumünster, Paranus Verlag
Doortje Kal (2007): Stem geven aan een ongehoorde groep. Een interview met Sandra Trienekens, in: Deviant
Harry Kunneman (2005): Voorbij het dikke-ik. Bouwstenen voor een kritisch humanisme, in: SWP
Annette Plooy (2007): Stigma en stigmabestrijding. Lezing uitgesproken op het kwartiermakerscongres – 22 mei, in: Tijdschrift voor rehabilitatie, nummer 3
Sandra Trienekens (2009): Kunst in het hart van de samenleving. Over burgerschap en culturele dynamiek
Rudi Visker (2007): Lof der zichtbaarheid. Een uitleiding in de hedendaagse wijsbegeerte, Sun
Jaap van Weeghel (1996): Een maatschappelijk steunsysteem: venster op de wereld? in: Passage, Tijdschrift voor rehabilitatie, december

Fritz Bremer

Inklusion praktisch – was da alles drin ist!

Was ist »Inklusion« in der gemeindenahen sozialpsychiatrischen
Arbeit? Eine Zielvorstellung, ein Paradigma? Ja. – Keinesfalls ein
Zustand, den man erreichen könnte. Wohl auch keine neue
Methode, mit der schnellere Rehabilitationserfolge zu erlangen
sind. Gewiss keine zielsichere schlichte Strategie zur Abschaffung
von »Sondereinrichtungen« mit der Folge gewaltiger Einsparef-
fekte. Inklusion ist keine Festrede, weder zu verordnen, noch
nebenbei schnell mal gemacht. Ein Kollege sagte im Gespräch:
»Nutzen wir die Inklusionsdebatte, um der unter exkludierenden
Verhältnissen leidenden Integration neuen Schwung zu geben.«
Damit kommen wir dem Thema schon näher.

Eine der trialogischen Veranstaltungen im Rahmen unserer
Inklusionsprojektarbeit (seit 2007, gefördert vom Sozialministerium in Kiel) fand im Gemeindehaus einer Kirchengemeinde in
Neumünster statt – zu dem Thema »Es ist normal, verschieden zu
sein – Wenn das man so einfach ist!«. Dieses Gespräch zwischen
50 psychiatrieerfahrenen-Menschen, Angehörigen, MitarbeiterInnen und interessierten Gemeindemitgliedern über den Umgang mit
dem Anderssein, mit Fremdem war womöglich ein Schritt im Sinne von Inklusionsorientierung.

Sich klar zu machen, dass es für psychisch erkrankte Menschen
nach wie vor keine gesellschaftlich akzeptierte und gewünschte
Rolle gibt, dass sie sich nicht in der Gemeinde, sondern an einer
»Leerstelle« befinden (Doortje Kal, 2006), ist eine wichtige Voraussetzung für eine realistische Antwort auf die Frage vom

Anfang. Wir befinden uns zusammen mit den betroffenen Menschen an einer »Leerstelle«. Diese »Leerstelle« verstehbarer zu machen, in ihr handlungsfähig zu werden, sie zur sozialen Baustelle zu machen, sie mit sozialer und kultureller Bedeutung zu beleben - das ist praktizierte Inklusion.

Wer ist wir, von welchen Erfahrungen gehe ich aus? Ich schreibe aus den Erfahrungen der »Brücke Neumünster«, die seit 1981 für psychisch erkrankte Menschen und ihre Angehörigen in der Stadt arbeitet. Inzwischen ist ein vielfältiges Angebot von Begleitung, Beratung, Betreuung, Arbeit, Beschäftigung u.a.m. überwiegend auf der Grundlage der Eingliederungshilfe (SGB XII) entstanden. Die Angebote werden von ca. 600 Menschen pro Jahr in Anspruch genommen. In den verschiedenen Einrichtungen arbeiten 70 MitarbeiterInnen. Die »Brücke« ist aktiv in den Gremien des gemeindepsychiatrischen Verbundes und kooperiert auch darüber hinaus mit verschiedenen Personen, Vereinen, Einrichtungen in der Stadt. Im Rahmen unserer Arbeit sind inzwischen 80 psychiatrieerfahrene-Menschen, Angehörige und interessierte MitbürgerInnen ehrenamtlich engagiert.

Ich will nun beschreiben, wie wir an der »Leerstelle« arbeiten, was wir tun und in welcher Schrittfolge. Als wir vor ca. zwölf Jahren die ersten Schritte machten, hatten wir kein umfassendes Konzept, keine Gesamtplanung. Die Methode ist »Versuch und Irrtum« und »Orientierung an neuen ermutigenden Erfahrungen«. Womit wir damals anfingen, ist gut beschrieben als »Öffnung kommunikativer Prozesse« (Morgenroth, 2005) auf möglichst vielen Ebenen der Organisation und in möglichst vielen Feldern der Arbeit. Ich hoffe, dass im Zuge der Beschreibung deutlich wird, inwiefern die »Öffnung kommunikativer Prozesse« zugleich zur Inklusionsorientierung der gemeindenahen sozialpsychiatrischen Arbeit und zu einem umfasenderen Verständnis von Gesundheitsförderung führt.

1. Psychose-Seminar-Arbeit als Schule der Selbstwirksamkeit

1996 begannen wir in Kooperation mit KollegInnen anderer Einrichtungen mit der Psychose-Seminar-Arbeit. Wir starteten in der Volkshochschule. Es ging los mit viel Enthusiasmus und lebendigen Diskussionen zwischen 50 bis 80 TeilnehmerInnen. Nach einem Jahr war es, als stürze das Seminar in sich zusammen. Wir wollten bei der Idee der »freien Diskussion« bleiben. Die Gespräche drehten sich im Kreise. TeilnehmerInnen wandten sich enttäuscht ab. Es war rund um das schwungvoll gestartete Seminar eine depressive Atmosphäre entstanden.

- Die Vorbereitungsgruppe beschloss eine Seminarpause und dachte nach – mit folgenden Ergebnissen:
- Die Vorbereitungsgruppe warb um neue TeilnehmerInnen. Interessierte MitarbeiterInnen, Psychiatrie-Erfahrene und Angehörige beteiligten sich an der Wiederbelebung.
- Es wurden Halbjahresprogramme mit vorher bestimmten Themen geplant.
- Richtungweisend war die Idee: Zu jedem Thema gibt es am Anfang der Seminare drei Kurzreferate aus den drei Gruppen. Zuerst das Referat der »Psychiatrie-Erfahrenen«, dann das der »Angehörigen«, abschließend das der »Profis«.
- Die Moderation bekam vor allem die Aufgabe, auf die Gleichrangigkeit der Beiträge zu achten. Die Vorbereitungsgruppe informierte zukünftige ReferentInnen über dieses Vorgehen.

Das Psychose-Seminar startete mit neuem Schwung und entwickelt seither eine beeindruckende Wirksamkeit. Die Seminare finden regelmäßig mit 15 bis 50 TeilnehmerInnen statt. Die Vorbereitungsgruppe ist größer geworden und an sich schon eine trialogische Gesprächsrunde. Insbesondere Psychiatrie-Erfahrene sind in der Gruppe aktiver geworden. Immer mehr Angehörige und Psychiatrie-Erfahrene haben ermutigende Erfahrungen als Vorbereiter, ReferentInnen und ModeratorInnen gemacht. Sie erleben Anerkennung und Zuspruch. Sie vertreten ihre Erfahrungen und

Einsichten deutlich selbstbewusster. Das Seminar taucht regelmäßig in der regionalen Presse auf. In vielen Gesprächen wird auf das Seminar verwiesen. Es hat für alle Beteiligten eine erkennbare Bedeutung. Angeregt durch diese Arbeit entstanden:
1. die trialogisch besetzte »Arbeitsgruppe Krisenpass«,
2. die ebenfalls von allen Beteiligten mitgetragene Vorbereitungsgruppe für »trialogische Informationsveranstaltungen« in der Volkshochschule (seit 7 Jahren erfolgreich aktiv),
3. die trialogisch orientierte Mitwirkungsarbeit in den Einrichtungen der »Brücke Neumünster« und
4. der trialogisch besetzte interne Beschwerderat.

Matthias Behrendt, seit Anfang der 80er Jahre psychoseerkrankt und psychiatrieerfahren, ist fast seit Beginn aktiv im Psychose-Seminar. Er nahm auch an der eingangs erwähnten Veranstaltung im Gemeindehaus teil und schrieb dazu ein Protokoll. Am Ende notiert er: »Es ist nicht so sehr die Angst vor dem Erkrankten, sondern vor den Gefühlen, die man entwickelt, sobald man seinen eigenen nahe kommt, weil der Verstand nicht mehr gefragt ist.

... Normal heißt, an die Norm gebunden zu sein. Also an Normen, die eine Gesellschaft für sich als richtungsweisend gegeben hat. Wie wird also eine Integration geschaffen? Es ist gut zu wissen, dass seelisch Erkrankte auch eine große Sehnsucht nach normalem Leben haben«, (Behrendt, 2010). Diese genaue Betrachtung und Beschreibung der eigenen Situation, der der anderen und der Begegnung von »Erkrankten« und »Nicht-Erkrankten« scheint mir Beleg der Wirkung der Seminararbeit zu sein: Seine und die Situation der anderen ist dem Autor verständlicher geworden. Er nimmt dazu aktiv Stellung. Seine Erfahrungen und die daraus abgeleiteten Beiträge gewinnen eine erkennbare Bedeutung. Im Dezember 2009 hielt er im »Wanderpsychoseseminar« im Krankenhaus der Stadt ein Referat und sagte u.a.: «Sobald ich in eine Situation komme, in der ich gefordert werde, kann ich auch Fortschritte machen. In einem Sozialen Raum, der mir Mut macht. ... Meine Erkrankung ist handhabbar für mich geworden. ... Familienstrukturen konnte ich aufarbeiten und Bezüge zu meinen

Verwandten entwickeln. Ich habe damit Identität entwickeln können. ... Die eigentliche seelische Verletzlichkeit verlangt nach Ärzten, die den Menschen als Ganzes sehen und dem Sinn der Erkrankung – für diese Person – mehr Beachtung geben. ... Ich fand wieder eine Identität und nahm mich wieder als ganze Person wahr.
Das ist bis heute so geblieben. Und darüber bin ich sehr froh.«
(Behrendt, 2009).

Anja Musculus-Viehöfer, aktive Mitarbeiterin im Psychose-
Seminar, schreibt aus ihrer Sicht:»In den Seminaren konnte ich
miterleben, dass die Betroffenen nicht nur betroffen sind, sondern
auch viele Kompetenzen und Ressourcen besitzen und in manchen
Bereichen auch kompetenter ... sind als ich und andere MitarbeiterInnen. ... Mein Verständnis für das »Verrückte« ..., die damit
verbundenen Ängste, Nöte und tiefen Verunsicherungen, hat sich
durch die Erfahrungsberichte und verschiedenen Sichtweisen verändert ... Der Trialog hat zu einem offenen ganzheitlichen Krank-
heitsverständnis, einer verbesserten Gesprächskultur und gegen-
seitiger Achtung und Wertschätzung beigetragen«. (Musculus-Viehöfer, 2009) Beiden Erfahrungsberichten ist zu entnehmen, dass es
gut tut, wenn das Verstehen gefördert wird, wenn das Gefühl entsteht, etwas Sinnvolles tun zu können, und wenn Bedeutung greif-
bar wird.

2. Mitwirkung mit Wirkung

In der Hochzeit der Qualitätsdebatte, der Diskussion über »Total
Quality Management«, über die Feststellbarkeit des Grades der
Zielerreichung u.a.m. ergab sich aus unseren Erfahrungen mit der
Psychose-Seminar-Arbeit eine andere Zielvorstellung: Qualität in
unserer Arbeit ist vor allem die Entwicklung von Mitwirkung. In
den Leitlinien unserer Qualitätsentwicklung heißt es u.a.: »Wenn
sozialpsychiatrische gemeindenahe Versorgung ihre Ziele wirklich
einlösen will, dann geht es nun um die bewusste Umsetzung demo-
kratischer, transparenter, wertschätzender Beziehungen in Betreu-
ungsverhältnissen« (Bremer, 2004, S. 150).

2001 begannen wir mit der Mitwirkungsarbeit. Hier eine kurze
Übersicht:

Ausgehend von einer Befragung aller NutzerInnen wurden in elf
Einrichtungen der Brücke Neumünster die drei Schwächen und
drei Stärken vorgestellt und diskutiert. Gleichzeitig wurde die
Wahl von je zwei Sprechern/ Beiräten angeregt. Seither gibt es in
den Einrichtungen gewählte Sprecher, die sich schon bald selber
»Klientensprecher« nannten.

Wir konstituierten folgendes Besprechungswesen: Die »Klientensprecher« treffen sich ca. alle 6 Wochen zu einer Bespre-
chungsrunde, die – solange gewünscht – von einigen Mitarbeiter-
Innen begleitet und unterstützt wird. Unterstützt wird z.B. die
Organisation von Fortbildung für das Klientensprechertreffen.

Sowohl das »Klientensprechertreffen« als auch die Angehörigengruppe wählen je zwei Deligierte in den Qualitätszirkel. Sie
sind im Qualitätszirkel gleichrangig stimmberechtigt neben den
Mitarbeitervertretern der Einrichtungen, dem Betriebsrat und der
Geschäftsführung. Auch der interne Beschwerderat ist trialogisch
besetzt – hier sind zusätzlich zwei VertreterInnen des Vorstandes
der Brücke e.V. und ein Vertreter des Stadtteilbeirates beteiligt.

Dieses Besprechungswesen entwickelt sich seit nun zehn Jahren
sehr lebendig und produziert viele neue Anregungen. Das »Leitbild«, »Handlungsleitlinien«, ein systematischer Umgang mit
Fortbildungsbedarf u.v.m. wurde im Qualitätszirkel beraten und
beschlossen.

Die gewählten Klientensprecher diskutierten Fragen wie: »Was
ist in der gemeindenahen Psychiatrie drinnen und draußen?«,
»Was können wir für mehr Teilhabe tun?«, »Wie können wir
Angst vor Mitabeitern überwinden?«. Aus der letzten Frage ergab
sich ein Versuch: Die KlientensprecherInnen luden MitarbeiterInnen ihrer Einrichtung zu einem Gespräch über »Umgang mit
Angst« ein. Dieses Gespräch eröffnete Möglichkeiten des besseren
gegenseitigen Verstehens der Mitarbeiter- und der Klientenrolle.
Es zeigte zugleich Grenzen auf, die mit der Rollenverteilung in
einer Einrichtung gegeben sind.

Einige Zitate sollen die Wirkung der Mitwirkungsarbeit leben-
diger machen. Sylvia Kohlbecher, ehemalige Teilnehmerin im
Arbeitsprojekt »Druckwerk« und PARANUS-Verlag schrieb im
Februar 2003 zum Thema Mitwirkung in der »Brücke«
Neumünster: »Mittlerweile bin ich zur Klientensprecherin
gewählt worden... Das Amt ist ein Teil der Qualitätsentwicklung
... in unserer Einrichtung, so dass indirekt alle Klienten mitwirken
können, wenn Sie wollen.

Trotzdem ist das alles nicht so einfach. Genau genommen ist
das Thema Mitwirkung ein schwieriges Feld, auf das sich unsere
Einrichtung mutig begeben hat ...

Viele Klienten denken aufgrund ihrer schlechten Erfahrung
›Meine Meinung zählt ja doch nicht‹ ... Denn das Erste, was man
oftmals als psychisch kranker Mensch im Krankenhaus erfährt,
sind Zwangsmaßnahmen und Entwertung der eigenen Person. ...
Und gerade diese Ausgrenzung, die viele psychisch Kranke erfahren, macht die Mitwirkung so schwierig und zu einem hohen Ziel.
... Es muss sich viel in den Köpfen der Mitarbeiter ändern, aber
auch in den Köpfen der Klienten. ... Sie (die Mitarbeiter) müssen
das altbekannte Denken aufgeben, alles, was die Klienten betrifft,
über deren Köpfe hinweg zu entscheiden.

Die Klienten müssen ein Selbstvertrauen und Selbstwertgefühl
entwickeln, das es ihnen ermöglicht, ihre Meinung frei heraus zu
vertreten, und sich auch vor den Mitarbeitern gerade zu machen
...« (Bremer, 2004, S. 155f).

Eine Mitarbeiterin schreibt: »Psychoseseminare bzw. trialogische Mitwirkung erlebe ich ... als gutes Übungsfeld, kritik- und
konfliktfähiger zu werden, es auszuhalten in Frage gestellt zu werden ... Viele Menschen sind durch die Psychoseseminare und die
trialogische Mitwirkungsarbeit aktiv geworden, haben es gelernt,
über eigene Erfahrungen zu sprechen und sind inzwischen sehr
selbstbewusst, engagiert und kritikfreudig.« (Musculus-Viehöfer,
2009)

Eine andere Kollegin schreibt: »Bei der Qualitätsentwicklung
wollen wir trotz Druck zunehmender Ökonomisierung Abläufe
und Arbeitsweisen der Organisation sowie Mitwirkung aller Inter-

essengruppen transparent und wertschätzend gestalten. Inzwischen sind seit neun Jahren in allen Teileinrichtungen demokratisch von den KlientInnen gewählte Sprecher/Beiräte aktiv.
... Auch die Angehörigen sind neben den NutzerInnen mit ein ¼ Stimmgewicht im Qualitätszirkel vertreten.
Mitwirkung geht alle an. KlientInnen wollen und können lernen, ein neues Selbstwertgefühl zu entwickeln, das langjährige Bevormundungsstrukturen ... oft zunichte gemacht hat. MitarbeiterInnen müssen lernen, ihre Rolle neu zu formulieren, Autonomie zuzulassen und sich auf neue Diskussionen einzulassen.« (Wulff, 2009)

3. Salutogenese, Kohärenz und Co.

Ausgehend von der Frage: Was ist Inklusion in der gemeindenahen sozialpsychiatrischen Arbeit? – haben wir bis soweit
1. *die systematische Weiterentwicklung der Psychose-Seminar-Arbeit und*
2. *die Entwicklung trialogischer Mitwirkung* beschrieben.

Was daran ist ermutigend, zukunftsweisend und inklusionsorientiert?
• Der bewusste Umgang mit dem Anderssein des anderen, mit dem Widerstreit zwischen verschiedenen Arten, anders zu sein, wird gefördert.
• Die Lebenssituationen bzw. Rollen der verschiedenen Beteiligten (Psychiatrie-Erfahrene, Angehörige, Mitarbeiter) werden ernsthaft zum Thema gemacht.
• Die Kommunikation (im Seminar, im »Klientensprechertreffen« usw.) ist strukturiert, überschaubar.
• Die Aufgaben werden für die MitarbeiterInnen handhabbarer, weil auch Grenzen professionellen Handelns erkannt und ausgesprochen werden können.
• Für alle Beteiligten gibt es Herausforderungen, neue Aufgaben, neue Handlungsmöglichkeiten zu entdecken.

- Der subjektive und gemeinsame Sinn der Arbeit, der Begegnung … wird erfahrbar. Ein umfassenderes Verständnis wird gefördert.
- Die Begegnungen sind nicht von Krankheit und Defizit geprägt. Ressourcen können entdeckt und wirksam werden.
- MitarbeiterInnen erleben sich hier nicht als Stauraum destruktiver Gefühle der anderen, sondern vielmehr als Teilnehmer einer konstruktiven Kommunikation. Gemeinsames Lernen wird möglich.
- Alle Beteiligten wirken mit in neuen Projekten und erleben sowohl die Wirkung ihres Handelns auf andere als auch Selbstwirksamkeit oder auch Selbstermutigung.

Die Reihe der ermutigenden Aspekte ist hier nicht abgeschlossen. Festzustellen bleibt – mit der vielfältigen systematischen »Öffnung kommunikativer Prozesse« bereichern wir die Arbeit
   1. durch *Orientierung an den Einsichten der Salutogenese* (Antonowsky, 1997).

Wir fördern Kohärenzgefühl und Schutzfaktoren psychischer Gesundheit, indem wir für alle Beteiligten folgende Möglichkeiten eröffnen:
- Situationen und Aufgaben können verstehbarer werden.
- Sie werden handhabbarer, überschaubarer. Es gibt die Möglichkeit, den Anforderungen gerecht zu werden.
- Die Bedeutung der Aufgabe, der Sinn des Tuns wird erkennbarer. Das Handeln kann einen sichtbaren subjektiven Sinn und eine gemeinsame Bedeutung erlangen.
   2. Wir schaffen durch die oben beschriebenen Erfahrungen zugleich die Vorraussetzungen für *die trialogische Entwicklung von Sozialraum- und Inklusionsorientierung*.

4. Sozialräume schaffen fürs Anderssein

Seit Frühjahr 2007 fördert das Sozialministerium in Kiel verschiedene »Inklusionsprojekte« in Schleswig-Holstein. Wir – die »Brücke Neumünster« und die »Brücke Schleswig-Holstein« – arbeiten mit Hilfe dieser Förderung an unserem Projekt »Gemeinsam Füreinander«.

Das eingangs kurz erwähnte Seminar im Gemeindehaus – Teil der Projektarbeit unter dem Motto »Wanderpsychoseseminar« –, auch die später zitierten Aussagen von Matthias Behrend illustrieren, wie weitgehend die Erfahrungen mit der Psychose-Seminar-Arbeit und der Mitwirkung nun in der Inklusionsprojektarbeit systematisch aufgegriffen und fortgeführt werden können.

Die verschiedenen Felder der Projektarbeit haben wir folgendermaßen unterschieden:
- Öffnung neuer Räume – mit neuen Veranstaltungsformen an vielen Orten »psychische Erkrankungen« zum Thema machen,
- Ausbau und Pflege von Netzwerken und Kooperationen,
- Förderung von bürgerschaftlichem Engagement,
- Weiterentwicklung trialogischer Veranstaltungen,
- Öffnung der Einrichtungen für interessierte Bürgerinnen und Bürger.

Seit 2009 werden Ideen und zukünftige Pläne u.a. im »Inklusionsplenum« (Psychiatrie-Erfahrene und MitarbeiterInnen) besprochen.

Mit drei weiteren Beispielen will ich Eindrücke aus der Projektarbeit vermitteln:
1. Wir beteiligten uns am Eröffnungsfest für den »Platz der Nationen« im Vicelinviertel in Neumünster. Bei den Organisatoren meldeten wir ein Spielangebot für Kinder an, nichts Psychiatrisches, Spiele für Kinder. In der Zeit vor dem Fest informierten wir die psychiatrieerfahren Menschen im Stadtteil, die von Mitarbeiterinnen und Mitarbeitern der beiden »Brücken« betreut werden. Fast alle (elf) fühlten sich ermutigt, zum Fest zu kom-

men. Sie trafen ihre Betreuer am Stand beim Spiel mit Kindern. Die Betreuer waren ganz ausdrücklich nicht für sie da. Und sie waren nicht als betreute Menschen da. Sie waren mit vielen anderen Menschen dabei. Einige fanden Kontakt zu aktiven Stadtteilbewohnern aus dem Umfeld des Stadtteilbüros. Einige nahmen später Angebote im Stadtteil wahr, bzw. beteiligten sich an der Stadtteilarbeit. So konnten wir fast spielerisch »Gastfreundschaft« (Kal, 2006) für einige psychisch erkrankte Menschen in diesem Viertel anregen.

2. Eine besondere Erfahrung war im November 2007 unser erstes Psychoseseminar in einem Stadtteilbüro. Gemeinsam mit den Helfern des Stadtteilbüros luden wir ein zum Thema »Was ist eine Psychose? – Wenn nichts mehr ist, wie es war«. Dreißig Besucherinnen und Besucher kamen. Einige kannten wir aus der Begegnungsstätte und dem Ambulanten Dienst der »Brücke«. Andere Gäste – interessierte Bürger aus dem Umfeld des Stadtteilbüros – besuchten erstmals eine solche Veranstaltung. Ein psychiatrieerfahrener Mann, eine Angehörige und eine Mitarbeiterin berichteten über ihre Erfahrungen mit psychischen Krisen. Im Anschluss entspann sich ein ungewöhnlich anregendes Gespräch. Eine alte Dame erzählte von Folgen der Verschüttung, die sie im Krieg erlebt hatte. Eine jüngere Frau berichtete von ihrer Psychose und dem ersten Klinikaufenthalt und davon, dass niemand etwas erklärt habe. Sie war spürbar erstaunt, sich in dieser Runde von diesen Erfahrungen sprechen zu hören.

3. Am 18. Dezember 2008 lud die Projektgruppe ein zu einem »Abend der Talente«, der zum »Brücke-Varieté« wurde. Es beteiligten sich zirka zwanzig psychiatrieerfahrene Menschen und Mitarbeitende der beiden »Brücken«. Die Veranstaltung war per Plakat in der ganzen Stadt angekündigt worden. Mitveranstalter war der Jugendverband Neumünster und Veranstaltungsort war die Bühne im kleinen Festsaal der Jugendmusikschule. Es erschien auf der Bühne die Tanzgruppe mit kroatischen und bretonischen Tänzen. Eine grell geschminkte, grau gelockte ältere Dame las im Scheinwerferlicht an einem Tischchen sitzend Gedichte von Goethe, Rilke, Ringelnatz und

Erhardt – am Ende: »Über allen Wipfeln ist Ruh ...«. Der gekonnte Auftritt einer Bauchtänzerin versetzte den Saal in Unruhe. Herr Mannteufel, bekannt als »Brücke«- Barde, sang zur Gitarre mit kräftiger Stimme einige Seemannslieder. Sigismund Oheim, Leiter verschiedener Selbsthilfegruppen, las seine aufrüttelnden Gedichte vor. Und ein sehr, sehr scheuer Mann stellte sich ans Mikrofon und spielte auf der Mundharmonika vier Volkslieder. Während die Zuschauer applaudierten, verneigte er sich vorsichtig und ging still von der Bühne. Der Saal war voll besetzt mit ca. neunzig Besuchern – Angehörigen, Betroffenen, einer Gruppe aus einem Wohnheim, einigen jungen Leuten und Pressevertretern.

5. Was noch alles drin ist!

Beim Gespräch über Angst von KlientInnen vor MitarbeiterInnen in der Einrichtung, in der Betreuungsbeziehung, bei der Frage der Klientensprecherin: »Warum traut sich jetzt – vor den Mitarbeitern – keiner, was zu sagen?« – da ist wahrscheinlich eine Grenze der Öffnung, der internen Mitwirkung erreicht. Die Rollenzuschreibungen engen ein.

Beim Schritt in den »Sozialraum«, in das Bürgerbüro, in den Gemeindesaal oder auf die Bühne öffnen sich neue Möglichkeiten. Hier können neue Rollen erprobt, können neue Erfahrungen miteinander gemacht werden. Die psychiatrieerfahrenen Menschen, die Angehörigen und MitarbeiterInnen, die sich aktiv an der Inklusionsprojektarbeit beteiligen, sind gestärkt und ermutigt. Es tut gut, neue anregende Erfahrungen zu machen.

Die bisherige Arbeit an der »Leerstelle« hat unsere Kontakte zu Vereinen, Institutionen, Kirchengemeinden, engagierten Personen, Schulen u.a. vermehrt und intensiviert. Gemeindenahe psychiatrische Arbeit wird, wir werden mit unserer Arbeit für BürgerInnen verstehbarer. Wenn es zu Kooperationen kommt, wird unsere Arbeit für sie auch konkret und handhabbarer.

Die Begegnung mit psychiatrieerfahrenen Menschen selbst wird z.b. durch Seminare an wechselnden Orten in der Stadt für BürgerInnen vertrauter. Beim Psychoseseminar über den »Umgang mit Anderssein« im Oktober 2009 im Gemeindehaus geschah etwas Neues. Aus dem Psychoseseminar wurde – im Sinne von Heinz Mölders – ein Multilog. Die Mitteilungen der psychiatrieerfahrenen Menschen über ihre Erlebnisse, über ihren Umgang mit Anderssein und Fremdheit wurden von den Gemeindemitgliedern mit Respekt und Aufmerksamkeit aufgenommen. Die Erfahrungen der Betroffenen wirkten nicht mehr ausgrenzend. Sie erlangten stattdessen eine erkennbare soziale Bedeutung.

Ermutigte MitarbeiterInnen, Psychiatrie-erfahrene und Angehörige gehen gemeinsam mit dem Thema »Psychische Krisen und Erkrankungen« in die Gemeinde, artikulieren ihre Erfahrungen und Interessen, stärken sich gegenseitig und leisten einen wichtigen Beitrag im Sinne von Aufklärung und zivilgesellschaftlicher Entwicklung.

Aus den gesundheitsfördernden Erfahrungen der Mitwirkungsarbeit und der Sozialraumorientierung ergab sich – wie von selbst – eine Rückwirkung nach innen: Seit Anfang 2008 arbeiten wir (beraten und begleitet von der CorCoaching GmbH, Erbskorn-Fettweiß, Hamburg) an der Verbesserung interner Abläufe. Den Rahmen bietet die Organisation von Teamtagen, aus denen sich Arbeitsaufträge ergeben. Es geht um mehr Transparenz interner Abläufe, bessere Informationen über die Arbeit nach innen und außen, Erkennen von Belastungen und Entwicklung von Möglichkeiten der Gesundheitsförderung und anderes mehr. Deutlich wird eine vielschichtige und sich in vielfältiger Wechselwirkung bewegende Entwicklung: von der Psychose-Seminar-Arbeit zur trialogischen Mitwirkung, von dort zur Sozialraum – und Inklusionsorientierung und zurück, oder besser – weiter zum Teamtagprozess. Es ist beeindruckend, zu erleben wie die »Öffnung kommunikativer Prozesse« sich in einer Organisation entfaltet und im Sinne der Einsichten von Salutogenese wirksam wird.

So wie MitarbeiterInnen psychiatrischer Einrichtungen Möglichkeiten eröffnen können, in ein konstruktives Gespräch über

Krisen- und Erkrankungserfahrungen mit psychiatrieerfahrenen Menschen einzutreten, so kann auch das konstruktive, auf trialogische Mitwirkung orientierte Gespräch, zum einen in der Organisation, zum anderen in der Gemeinde eröffnet werden. Auf diese Weise wird die »Leerstelle« zur Baustelle, auf der wir sowohl an neuen sozialen Erfindungen für mehr Zugehörigkeit als auch für Gesundheitsförderung arbeiten.

Literatur:
Antonowsky, Aaron: Salutogenese – Zur Entmystifizierung der Gesundheit. Tübingen: dgvt-Verlag, 1997.
Behrendt, Matthias: Wanderseminar. Brücken-Bote, Zeitschrift für Menschen rund um die Brücke, 11. Heft/ Januar 2010, S. 21-24.
Behrend, Matthias, unveröffentlichtes Referat, Dezember 2009.
Bremer, Fritz: Inklusion ist kein schneller Trost..., Teil II. Soziale Psychiatrie, 4/2009, S. 10-13.
Bremer, Fritz: in Bombosch, Hansen, Blume (Hg.): Trialog praktisch, Neumünster: PARANUS-Verlag, 2004, S. 148-157.
Kal, Doortje: Gastfreundschaft – Das niederländische Konzept Kwartiermaken. Neumünster: PARANUS-Verlag, 2006.
Morgenroth, Christine: Zwischen Qualitätsmanagement und Burnout – Die schwierige Kunst des Leitens in sozialen Arbeitsfeldern. Sozialpsychiatrische Informationen 4/2005, S. 54-59.
Musculus-Viehöfer, Anja: Psychoseseminar und trialogische Mitwirkungsarbeit konkret. Brückenschlag Band 25. Neumünster: PARANUS-Verlag, 2009, S. 83-90.
Wulff, Kathrin: Stellungnahme zum Teamtag. Neumünster, unveröffentlichter Text, 2009.

Sandra Landhäußer

Inklusion im lokalen Sozialraum – Empirische Anmerkungen zu einer aktuellen Auseinandersetzung

I.

Derzeit rückt die Tatsache, dass Menschen von zentralen gesellschaftlichen Feldern ausgeschlossen sind, in den Fokus der allgemeinen Aufmerksamkeit. Dies wird zunehmend als Problem erkannt und die Herstellung von Inklusion als Lösung diskutiert. Mit dem Aufkommen des Wohlfahrtsstaates im 19. Jahrhundert wurde gesellschaftliche Inklusion durch die kollektive Absicherung von regelmäßig auftretenden Risiken hergestellt. Aktuell wird diese Form der Sicherung allerdings mehr und mehr zurückgenommen und die Inklusion in den lokalen Sozialraum, d.h. den nahräumlichen Kontext, in dem Menschen leben und wohnen, rückt in den Vordergrund. Diese Idee wird in unterschiedlichen sozialen Arbeitsfeldern diskutiert, so u.a. in der Pflege älterer Menschen (Dörner 2007), mit Blick auf Menschen mit Behinderung (Franz/Beck 2007), in der Kinder- und Jugendhilfe (Hinte/Treeß 2006) sowie der Sozialen Arbeit im Allgemeinen (Kessl/Reutlinger 2007). Allen Arbeitsfeldern ist gemeinsam, dass mit dem Fokus auf Inklusion im lokalen Sozialraum meist eine Verlagerung von Hilfe in die nahräumliche, informelle Solidargemeinschaft einhergeht. Gleichzeitig wird das Angebot professioneller Dienstleistungen abgebaut, da Verwandte, Freunde und

Nachbarn verstärkt unterstützende Aufgaben übernehmen sollen. Gerade hier, an der Grenze zwischen Professionalität und informeller Solidarität scheint sich eine markante Scheidelinie aufzutun, die für die Frage »Inklusion – wohlfahrtsstaatlicher Abbau oder neue Qualität?« von entscheidender Bedeutung ist.

Über die positiven Effekte dieser zunehmenden Verlagerung von Unterstützung in den nahräumlichen Kontext sind sich VertreterInnen unterschiedlichster politischer Couleur erstaunlicherweise einig: als Vorteile gelten der Abbau von expertokratischer Entmündigung der Hilfebedürftigen durch professionelle Fachkräfte, größere Autonomie für die betroffenen Akteure, die Stärkung des Subsidiaritätsprinzips, etc. Gerade bei dieser Einigkeit, dass die nahräumliche Gemeinschaft gestärkt werden soll, wird die Frage nach den Konsequenzen für die betroffenen Menschen häufig vernachlässigt oder als durchweg positiv unterstellt. Der folgende Beitrag will vor diesem Hintergrund eine empirisch fundierte Betrachtung der informellen Kontakte im lokalen Sozialraum vornehmen, da diese die Basis für gegenseitige Unterstützung darstellen. Es wird also der Frage nachgegangen, wie die sozialen Netzwerke von lokalen Akteuren gestaltet sind, um hieraus Aussagen über die Qualität nahräumlicher Unterstützung ableiten zu können.

II.

Die Gestaltung informeller Netzwerke

Mit einer Stärkung der nahräumlichen Gemeinschaft geht eine veränderte Rolle von professionellen Fachkräften einher. Im Zuge der Forderung nach Deinstitutionalisierung und Deprofessionalisierung wird ihr Aufgabenbereich kleiner, weil verstärkt Familie, Freunde und NachbarInnen Hilfe leisten (sollen) (vgl. Dörner 2008). Oder aber ihr Tätigkeitsspektrum verändert sich dahingehend, dass die Aktivierung der lokalen Selbsthilfekräfte als professionelle Aufgabe in den Vordergrund rückt. Damit findet zum einen eine Informalisierung statt, d.h. *informelle* Netzwerke werden aktiviert. Zum anderen findet eine Solidarisierung im lokalen Sozialraum statt, d.h. die Solidarität zwischen den BewohnerInnen soll gestärkt werden. Vor diesem Hintergrund stellt sich die empirisch zu beantwortende Frage, wie informelle Netzwerke und wie in diesen informelle Unterstützungsprozesse gestaltet sind.

In der Studie zum Thema »Räumlichkeit und Soziales Kapital in der Sozialen Arbeit«[1] wurde der Zusammenhang zwischen den Merkmalen des Netzwerks und den Charakteristika der eigenen Person untersucht. Hieraus können Rückschlüsse darüber gezogen werden, wer sich informell mit wem vernetzt. Es wurden knapp 5000 BewohnerInnen eines Stadtteils ausführlich dazu befragt, inwiefern sie Kontakt zu Menschen mit verschiedenen Merkmalen haben bzw. Menschen kennen, die bestimmte Aufgaben übernehmen können. Als Merkmale galten beispielsweise: bestimmte Berufe (um einen Hinweis auf den Berufsstatus des Netzwerks zu erhalten), Ressourcen (z.b. netto mehr als 3000 Euro Verdienst), Fähigkeiten (ein guter Heimwerker), Fertigkeiten (z.b. PC-Kenntnissen) und Eigenschaften (Abitur haben, arbeitslos sein). Bestimmte Aufgaben waren z.b. den Einkauf zu erledigen, wenn man krank ist oder 500 Euro leihen zu können. Bei der Analyse der Netzwerke wird deutlich, dass die individuellen Charakteristika der Personen in hohem Maße mit den Eigenschaften des Netzwerks zusammenhängen. Bereits häufiger nachgewiesen wurde dieser Sachverhalt für sozialstrukturelle Merkmale. Verschiedene Untersuchungen weisen darauf hin, dass sich etwa bevorzugt Menschen mit ähnlicher Bildung, ähnlichem Alter, ähnlicher ethnischer Zugehörigkeit, etc. assoziieren: So gruppieren sich etwa in freundschaftlichen Beziehungen oder in Vereinen eher ähnliche Menschen zusammen (vgl. Friedrichs/Blasius 2000, S. 63ff.;

---

1 Es handelt sich hierbei um das DFG-Projekt »Räumlichkeit und soziales Kapital in der Sozialen Arbeit. Zur Governance des sozialen Raums«, das von 2003-2006 unter der Leitung von Hans-Uwe Otto an der Universität Bielefeld durchgeführt wurde. ProjektmitarbeiterInnen waren neben der Autorin Birte Klingler, Diana Sahrai und Holger Ziegler. Für eine ausführlichere Darstellung des Projekthintergrunds sowie zentraler Ergebnisse vgl. u.a. Landhäußer 2009.

McPherson/Smith-Lovin 1987). Die Projektdaten veranschaulichen dies zusätzlich für Fähigkeiten und Fertigkeiten, d.h. beispielsweise, dass eine Freundin mit Abitur zu haben in hohem Maße damit zusammenhängt, selbst diesen Abschluss zu besitzen. Weiterhin fällt auf, dass Menschen mit höherer sozialer Lage mehr Kontakt zu ressourcenstarken und statushohen Personen besitzen. Ferner sind aber auch die Befragten, die ein überdurchschnittliches Maß an alltäglicher Unterstützung durch ihr Netzwerk aufweisen, einer vergleichsweise hohen sozialen Lage zuzuordnen. Umgekehrt ist auffällig, dass sich die Akteure mit niedriger sozialer Lage umso mehr durch *unterdurchschnittliche* Zugänge, d.h. eine *geringere* Quantität sowie einen *geringen* Durchschnitt des Berufsstatus und eine *schmale* Bandbreite an beruflichen Positionen auszeichnen. Vermehrte Zugänge bestehen häufig nur zu anderen marginalisierten Menschen. Als weitere Besonderheit erweist sich, dass unter den Akteuren mit statushohen und ressourcenstarken Netzwerken sowie mit hoher eigener sozialer Lage Männer überrepräsentiert sind. Umgekehrt sind in den Gruppen mit niedriger sozialer Lage Frauen überrepräsentiert. Außerdem wird deutlich, wie sehr Migrationshintergrund und niedrige soziale Lage ineinander verwoben sind. Diese Zusammenhänge verweisen einmal mehr auf die Notwendigkeit einer Betrachtung sozialer Ungleichheit vor dem Hintergrund der Überschneidung und wechselseitigen Verwobenheit verschiedener Achsen der Benachteiligung wie etwa Geschlecht, soziale Lage und Migrationshintergrund.

Darüber hinaus funktionieren Netzwerke nach dem Grundprinzip des wechselseitigen Gebens und Nehmens. Zwischen Akteuren mit ähnlicher Ressourcenausstattung scheint das auf den ersten Blick angemessen, da dies bedeutet, dass ich in der Regel meinem Netzwerk ähnlich viel geben kann, wie auch das Netzwerk in der Lage ist, mir zu geben. Fraglich wird es eher für ressourcenschwächere Personen, die mit Menschen vernetzt sind, die ebenfalls wenige Möglichkeiten zur Verfügung haben. Hier stellt sich das Problem der Reproduktion sozialer Ungleichheit.

Eine Ausnahme des Prinzips »Geben und Nehmen« kann laut Gouldner (2005) für Kinder, ältere Menschen und Menschen mit geistiger und körperlicher Behinderung formuliert werden, wenn Hilfebedürftigkeit vorausgesetzt werden kann. Für diese Gruppen kann auf die »Norm der Wohltätigkeit« Bezug genommen werden, d.h. hier sind Menschen u. U. bereit zu geben, ohne eine Gegenleistung zu erwarten oder bereits erhalten zu haben. Allerdings war es gerade ein Verdienst der Etablierung eines wohlfahrtsstaatlichen Arrangements, regelmäßig auftretende Risiken nicht mehr als individuell sondern als kollektiv verantwortet zu betrachten. Deshalb wurden diese Risiken kollektiv in einer Form der ‚erzwungenen Solidarität' abgesichert (vgl. Ziegler 2008). Damit ist Unterstützung gerade nicht mehr von der Bereitschaft einzelner Gesellschaftsmitglieder abhängig. Bei der Hilfeleistung durch informelle Netzwerke im lokalen Sozialraum sind Akteure jedoch genau dieser individuellen Bereitwilligkeit ausgesetzt.

Milieu(s) im lokalen Sozialraum

Mit Blick auf das Ziel, Inklusion im lokalen Sozialraum herzustellen, wird häufig ein »einheitliches Stadtteilmilieu« unterstellt, in das es zu integrieren gilt. Es stellt sich die Frage, ob eine solche Unterstellung plausibel ist. Betrachtet man die oben genannten Netzwerkergebnisse und die Unterschiede in der Potenz von Kontakten *innerhalb* eines Stadtteils sind diesbezüglich Zweifel angebracht. Die Merkmale von BewohnerInnen des gleichen Stadtviertels sind nämlich weder gleich, noch strukturieren sich die Kontakte allein und in erster Linie entlang der Stadtteilgrenzen.

Chantal Munsch (2005, S. 128) zeigte in einer qualitativen Studie zum bürgerschaftlichen Engagement die unterschiedlichen Ressourcen und Einflussmöglichkeiten von Personen, die sich in Stadtteilgruppen assoziieren. Im Vergleich zwischen einem Gesprächskreis aus sozial benachteiligten Personen und einer AG Stadtteilfest, in der überwiegend erwerbstätige und im Stadtteil aktiv Positionen ausübende Personen zusammenkommen, wurden deutliche Differenzen in der Arbeitsweise deutlich. Aus ihren Ergebnissen lässt sich ableiten, »dass in gemischten Gruppen Personen mit weniger Ressourcen [...] tendenziell ausgeschlossen werden und wenig Beteiligungschancen haben«. Weiterhin kann davon ausgegangen werden, dass in bürgerschaftlichen Gruppen häufig die Rahmenbedingungen für das Zusammenleben im Stadtteil beeinflusst und ausgehandelt werden. Die Meinungen über die Gestaltung des Zusammenlebens können allerdings nicht als einheitlich unterstellt werden.

Ferner zeigen die Daten aus oben genannter Studie, dass die soziale Eingebundenheit in den lokalen Sozialraum in erster Linie durch die individuelle Wohndauer im Stadtteil und in der aktuellen Wohnung beeinflusst ist. Auch Robert Sampson (1991) macht in seinen Arbeiten hauptsächlich die Wohndauer als Einflussfaktor für die Eingebundenheit und das soziale Zusammenleben in einem Stadtteil, z.B. für Freundschaften, lokale Gefühle, Teilnahme an lokalen Angelegenheiten, etc. aus. Diese Wirkung bestehe unabhängig von individuellen soziodemographischen Variablen. Sie könne aber insofern mit den ökonomischen Ressourcen von Akteuren zusammenhängen, dass Wohneigentum Menschen lokal stärker bindet als ein Mietverhältnis. Insofern wären ressourcenstarke Akteure in doppelter Hinsicht im Vorteil: zum einen, weil es bei ihnen wahrscheinlicher ist, dass sie aufgrund von Wohneigentum länger in einem Stadtteil verweilen und dadurch eher in lokale Angelegenheiten integriert sind. Zum anderen, weil sie aufgrund ihrer Kompetenzen eher in der Lage sind, ihre Interessen auch durchzusetzen.

III.

Vor dem Hintergrund der aufgeführten Forschungsergebnisse offenbaren sich – gerade für sozial benachteiligte Akteure – in verschiedenerlei Hinsicht zusätzliche Benachteiligungen. Die sozial ungleich verteilten Ressourcen in informellen Netzwerken legen ungleiche Grundlagen zur Bewältigung von Problemen nahe. Darüber hinaus tendieren ressourcenstärkere Akteure eher dazu, sich in Gruppen und Assoziationen mit Gleichgesinnten zusammen zu tun. Ressourcenärmere Menschen hingegen beteiligen sich insgesamt weniger in zivilgesellschaftlichen Assoziationen. Sie sind aus (gemischten) Gruppen, in denen wichtige Entscheidungen für das Stadtteilleben getroffen werden, eher ausgeschlossen. Vor diesem Hintergrund spricht einiges dafür, dass eine Stärkung der Inklusion im lokalen Sozialraum dominanten Personen zusätzlich in die Hände spielt. Ihre Interessen und Problemwahrnehmungen können jedoch deutlich von denen anderer Gruppen abweichen. Gerade diese Prozesse und Benachteiligungen bleiben jedoch mit einem parallel stattfindenden Rückbau von professionellen Verantwortlichkeiten eher im Verborgenen und es besteht die Gefahr der »Tyrannei« von engagierten, sozial selektiv zusammengesetzten Gruppen.

Von daher ist es sicherlich eine Möglichkeit, soziale Einbindung von allen Gesellschaftsmitgliedern als wichtig zu erachten, diese zu unterstützen und hierfür Orte und ein Klima zu schaffen, in dem Kontakte entstehen und gepflegt werden können. Geht damit aber gleichzeitig ein Abbau der professionellen Tätigkeiten von Fachkräften der Sozialen Arbeit einher bzw. wird ihre Aufgabe darauf beschränkt, rein informelle Unterstützungsnetzwerke zu aktivieren, so besteht die Gefahr einer Verschleierung sozialer Ungleichheiten. Gerade wenn kein staatlich garantiertes Recht auf Unterstützung ableitbar ist, sind hilfebedürftige Menschen einem sozialen Anpassungsdruck ausgesetzt, der – bei Nichtbeachtung – zu einem Entzug von Hilfe führen kann. Solche Konsequenzen werfen auf die eingangs formulierte Frage, welches innovative Potential die Inklusion in den lokalen Sozialraum für unterschiedliche Akteure haben kann, ein neues Licht, will man die Folgen für die betroffenen Menschen nicht außer Acht lassen.

Literatur:

Dörner, K. (2007): Leben und sterben, wo ich hingehöre. Dritter Sozialraum und neues Hilfesystem. Neumünster.

Dörner, K. (2008): Helfende Berufe im Markt-Doping. Neumünster.

Franz, D./ Beck, I. (2007): Umfeld- und Sozialraumorientierung. Empfehlungen und Handlungsansätze für Hilfeplanung und Gemeindeintegration. Hamburg/Jülich.

Friedrichs, J./ Blasius, J. (2000): Leben in benachteiligten Wohngebieten. Opladen.

Gouldner, A.W. (2005): Etwas gegen nichts. Reziprozität und Asymmetrie. In: Adloff, F./Mau, S. (Hg.): Vom Geben und Nehmen. Zur Soziologie der Reziprozität. Frankfurt a.M., S. 109-124.

Hinte, W./ Treeß, H. (2006): Sozialraumorientierung in der Jugendhilfe. Theoretische Grundlagen, Handlungsprinzipien und Praxisbeispiele einer kooperativ-integrativen Pädagogik. Weinheim.

Kessl, F./ Reutlinger, Chr. (2007): Sozialraum. Eine Einführung. Mit einem Beitrag von Ulrich Deinet. Wiesbaden.

Landhäußer, S. (2009): Communityorientierung in der Sozialen Arbeit. Die Aktivierung von sozialem Kapital. Wiesbaden.

McPherson, M.J./ Smith-Lovin, L. (1987): Homophily in Voluntary Organizations: Status Distance and the Composition of Face-to-Face Groups. In: American Sociological Review, Vol. 52, No. 3., S. 370-379.

Munsch, C. (2005): Die Effektivitätsfalle. Gemeinwesenarbeit und bürgerschaftliches Engagement zwischen Ergebnisorientierung und Lebensbewältigung. Baltmannsweiler.

Sampson, R. J. (1991): Linking the Micro- and Microlevel Dimensions of Community Social Organization, Social Forces, 70:1, S. 43-64.

Ziegler, H. (2008): Sozialpädagogik nach dem Neo-Liberalismus. Skizzen einer post-sozialstaatlichen Formierung sozialer Arbeit. In: Bütow, B./ Chassé, K. A./ Hirt, R. (Hg.): Soziale Arbeit nach dem Sozialpädagogischen Jahrhundert. Positionsbestimmungen Sozialer Arbeit im Post-Wohlfahrtsstaat. Opladen. S. 159-176.

Ernst von Kardorff

Gesellschaftliche Teilhabe psychisch kranker Menschen an und jenseits der Erwerbsarbeit

Sozialer Wandel und die Partizipation seelisch behinderter Menschen

Neben vielen anderen sind es vor allem drei zentrale Veränderungen der modernen Gesellschaft, die für die Teilhabe folgenreich sind:

(1) der *Zug zur Individualisierung* und damit einhergehend folgenreiche Veränderungen in den traditionellen Formen der gesellschaftlichen Einbindung in familiäre, verwandtschaftliche und nachbarschaftliche Beziehungen; dies betrifft vor allem *Teil-Sein* und sichere Bindung.

(2) die *Erweiterung von Wahlmöglichkeiten*, eine im Vergleich zu vergangenen Epochen deutlich gestiegene Vielfalt von Optionen zur Gestaltung der eigenen Identität und von Lebensentwürfen; dies betrifft die Möglichkeiten des *Teil-Nehmens* und der Selbstbestimmung.

(3) Die *Welt der Neuen Medien*, die neue Formen der Vernetzung über die lokale Gemeinschaft hinaus eröffnet und damit gerade auch für viele Menschen mit Beeinträchtigungen erweiterte Chancen sozialer *Teil-Habe* bereitstellt.

Diese Veränderungen lassen sich mit Heiner Keupp als »*riskante Chancen*« bezeichnen, weil sie mehr Selbstbestimmung und Partizipation ermöglichen und zugleich hohe Anforderungen an Selbstgestaltung, Selbstverantwortung und individuelle Reflexion stellen, von denen (sich) viele und keineswegs nur Menschen mit Behinderungen überfordert sind (fühlen).

Der rasante gesellschaftliche Wandel und die darin enthaltenen Versprechen lassen die *Barrieren* zur Teilhabe deutlicher hervortreten, die nach Lebenslage und Lebenssituation ungleich verteilt sind: für Menschen mit Behinderungen oder gesundheitlichen Einschränkungen, für Menschen aus bildungsfernen Milieus, aus konfliktbeladenen Familienverhältnissen oder für Menschen, die Traumata erlitten haben, sind die Hindernisse zur gesellschaftlichen Teilhabe hoch. Das ist Realität, auch wenn mit Grundgesetzergänzung (»Niemand darf wegen seiner Behinderung benachteiligt werden.«), Gleichstellungsgesetz, Allgemeinem Gleichbehandlungsgesetz und der Ratifizierung der UN-Konvention die Rechte und Selbstbestimmungsmöglichkeiten von Menschen mit Behinderung gestärkt und mit den Leistungsgesetzen wie dem SGB IX Hilfen (z.B. persönliches Budget) erweitert wurden. Die Hindernisse sind hoch, auch wenn die fachliche Diskussion von Defizitmodellen Abschied genommen hat und zu Ressourcenmodellen von Salutogenese und Resilienz, von Empowerment und Inklusion fortgeschritten ist und eine Reihe kreativer Projekte auch individualisierte Alternativen zu Großeinrichtungen entwickelt haben.

In der stark akzentuierten Individualisierung wird aber auch sichtbar, dass die Angewiesenheit auf Andere und die konstitutive Abhängigkeit der Menschen voneinander und damit eine allgemeine Solidaritätsverpflichtung zunehmend aus dem Blick gerät. Stattdessen dominiert individuelle Verantwortungszuschreibung. Misserfolg und Scheitern, vor allem der Arbeitsplatzverlust, werden von veröffentlichter Meinung und Politik wider besseres Wissen als überwiegend selbstverschuldet dargestellt.

Kurz: die Moralisierung individuellen Handelns nimmt unter der Überschrift *Eigenverantwortung* zu.

Begleitet wird dies mit einer Entsolidarisierung nicht nur im Bereich der sozialen Leistungen, sondern vor allem auch in den

Köpfen. Dies hat negative Auswirkungen für die wachsende Anzahl von Menschen, die unter den verschärften Anforderungen, Perfektionsidealen und der »Tyrannei des Gelingens« (Schernus & Bremer 2007) nicht (mehr) mithalten können oder wollen und besonders die seelisch und sozial verletzlichen Menschen geraten in die Gefahr, sozial abgehängt und als »Überflüssige« diskriminiert zu werden.

Realität und Rhetorik der Erwerbsgesellschaft

In einer nach wie vor um die Erwerbsarbeit zentrierten und in der politischen Rhetorik auf sie fixierten Gesellschaft gilt die lohnarbeitsförmige und zunehmend auch die (schein-)selbstständige Erwerbsarbeit als unbefragte Grundlage für die Sicherung der materiellen Existenz des Einzelnen wie der Familie; sie bildet die Basis für den Erwerb von sozialem Status und ist eine wichtige Quelle für Selbstwertgefühl und Kompetenzerleben, sie schafft Anerkennung durch Andere, befördert soziale Einbindung, strukturiert den Alltag und gilt vielen Menschen als wichtige Quelle biografischer Sinnfindung.

Kurz: *Erwerbsarbeit* bildet in den modernen westlichen Gesellschaften, die überwiegend von der säkularisierten protestantischen Leistungsethik und dem liberalen Wettbewerbsdenken geprägt sind, die normative wie faktische Basis für ihr Funktionieren als Ganze wie für die soziale Teilhabe des Einzelnen an der Gesellschaft, für seine Positionierung im Schichtungsgefüge und nicht zuletzt für seine Identität.

Auch wenn der Gesellschaft die Arbeit nicht ausgeht, zeigt sich in den letzten Jahrzehnten ein starker Wandel, der vulnerable, weniger leistungsfähige oder weniger stressresistente und weniger gut ausgebildete Menschen besonders betrifft:

– technologische Innovationen haben Arbeitsinhalte und -formen verändert und sind mit gestiegenen Anforderungen an Wissen, soziale Kompetenzen und Flexibilität verbunden;

– neue Formen der betrieblichen Organisation und Rationali-

132 Ernst von Kardorff

sierung haben die Arbeit verdichtet, den Termindruck und inner-
betriebliche Konkurrenz erhöht, sichtbar auch an der Zunahme
von burn-out und von Mobbing;
  – die Internationalisierung der Märkte und der damit einhergehende höhere Konkurrenzdruck haben zur Entwicklung eines
Niedriglohnsektors beigetragen, so dass viele Menschen nicht
mehr von ihrer Arbeit leben können und ergänzende Leistungen
des Staates benötigen. Eine Folge der oft schamvoll erlebten und
demütigenden Abhängigkeit von Institutionen ist der Verlust an
Selbstwert und sozialer Anerkennung, wobei der politisch und
medial geschürte Verdacht der Erschleichung von Leistungen
zusätzliche Diskriminierung bewirkt und den sozialen Rückzug
Betroffener begünstigt;
  – tendenzieller Rückgang einfacherer Tätigkeiten und dauerhaf-
ter Beschäftigungsverhältnisse, was zu starken Ängsten führt
(neben Depressionen weisen Ängste den größten Zuwachs an seelischen Störungen auf);
  Von allen diesen Entwicklungen sind besonders Menschen mit
Lernschwierigkeiten in allen Altersgruppen, seelisch behinderte
und ältere chronisch kranke Menschen und in allen Gruppen
überproportional Frauen betroffen. Die Fixierung auf die
Erwerbsarbeit und die Wiedereingliederung auf den (ersten)
Arbeitsmarkt blendet dabei andere gesellschaftliche Bereiche aus,
in denen wichtige Arbeit geleistet wird – oder versucht sie, soweit
möglich, selbst marktförmig zu organisieren: hierbei handelt es
sich z.B. um Erziehungs- und Sorgearbeit und die Arbeit für das
Gemeinwesen (zivilgesellschaftliches Engagement), die sich als
eine mögliche Alternative für seelisch und anders beeinträchtigte
Menschen anbieten, weil sie zumindest teilweise dem Zeit-,
Arbeits- und Perfektionsdruck des erstens Arbeitsmarktes entzogen sind.

Seelisch behinderte Menschen auf dem Arbeitsmarkt

Die Notwendigkeit einer Suche nach Alternativen zur Wiedereingliederung auf den ersten Arbeitsmarkt belegen die Daten zur Erwerbssituation seelisch behinderter Menschen, die Risiken zur Entwicklung psychischer Störungen bei lang anhaltender Erwerbslosigkeit oder einer Aussteuerung in Erwerbunfähigkeitsrenten und nicht zuletzt die Zunahme psychischer Störungen in der Arbeitswelt selbst.

Zur Erwerbsbeteiligung psychisch kranker Menschen

Erwachsene mit chronischen Verläufen psychischer Krankheiten sind nur in geringem Umfang erwerbstätig; für Deutschland geht Hoffmann (2004) von folgenden Zahlen aus:

- 43 % sind aus dem Erwerbsleben ausgeschieden, davon sind ca. 16,5 % Langzeiterwerbslose (ALG II-Empfänger), ca. 12,5 % erhalten Sozialhilfe bzw. Sozialgeld, ca. 14 % beziehen Erwerbsunfähigkeitsrente;
- ca. 5,6 % der psychisch Kranken sind vollbeschäftigt;
- ca. 6,5 % sind teilzeitbeschäftigt;
- ca. 20 % haben einen geschützten Arbeitsplatz;
- ca. 5 % befinden sich in Maßnahmen der Beruflichen Rehabilitation.

Das Risiko seelisch behinderter Menschen, ihre Arbeit zu verlieren, ist doppelt so hoch wie in der Normalbevölkerung. Damit sind auch Risiken in anderen Lebensbereichen verbunden: das Verschuldungsrisiko ist dreimal so hoch wie bei nicht Erkrankten, viele von ihnen haben Mietrückstände und befinden sich in Armut, eine erhebliche Anzahl ist obdachlos und ihr Scheidungsrisiko im Verhältnis zum Durchschnitt ist um das Dreifache erhöht.

Krankheitsrisiken der Erwerbslosigkeit

Lang anhaltende Erwerbslosigkeit beeinträchtigt das seelische Gleichgewicht und die Stabilität der alltäglichen Lebensführung und kann zur Entwicklung psychischer Auffälligkeiten wie Apathie und Depression, zu einer allgemeinen Verschlechterung des Gesundheitszustandes (Robert Koch Institut 2003) und zu Gefährdungen des Familienzusammenhalts führen. Auf der Ebene gesellschaftlicher Integration kann sie zu einer *»müden Gemeinschaft«* (Jahoda, Lazarsfeld & Zeisel 1975), zur Verringerung von Bildungschancen der Kinder Betroffener sowie zur Generationen übergreifenden Tradierung und Verfestigung von Armutslagen (Deutscher Bundestag 2005; Richter & Hurrelmann 2006) und besonderer psychischer Vulnerabilität (Schoon, Sacker & Bartley 2003) beitragen.

Auch wenn nicht alle Menschen auf Erwerbslosigkeit in gleicher Weise reagieren, erleben die meisten von ihnen eine starke Verunsicherung und den Verlust eines positiven Selbstwertgefühls: viele ziehen sich zurück, verlieren die Einbindung in die stützenden und informationshaltigen sozialen Netze von Freundschaft und Nachbarschaft und sehen sich parallel dazu mit sozialer Ausgrenzung im Alltag konfrontiert. Für Menschen, die länger als ein Jahr erwerbslos sind, verschlechtern sich darüber hinaus die Chancen des beruflichen Wiedereinstiegs dramatisch; das gilt umso mehr, wenn sie bereits älter sind und nur eine geringe berufliche Qualifikation aufweisen. Eine zusätzliche Barriere ist in der fortbestehenden Stigmatisierung psychisch kranker Menschen zu sehen.

Zu den Krankheitsrisiken der Erwerbsarbeit unter veränderten Arbeitsbedingungen

Seit 1985 hat sich der Anteil psychischer Krankheiten/Störungen an den Frühberentungen fast verdreifacht (Vetter & Redmann 2005):

In der Gruppe der unter 40-jährigen Männer machte im Jahr 2002 der Anteil der psychisch Erkrankten 46,2% (1993: 32,3%) aller Frühberentungen aus. In der gleichen Altersgruppe der Frauen sind es 45,2% (1993: 30,5 %). Frühberentungen aufgrund psychischer Erkrankungen zeigen zudem die prozentual höchste Zuwachsrate an allen Erkrankungen.

Diese Daten verweisen auf gestiegenen Arbeits- und Zeitdruck, verschärfte Konkurrenz unter den Beschäftigten und auf erhöhte Anforderungen an Flexibilität und Anpassung an neue Arbeitsformen und Medien, auf die viele vulnerable und ältere Menschen mit seelischer Überforderung und Symptomatiken reagieren.

Grenzen und Perspektiven der Beruflichen Rehabilitation

Trotz eines fachlich hochwertigen und vielgestaltigen Systems der beruflichen Rehabilitation (vgl. Bieker 2005) und speziell der differenzierten Angebote für psychisch kranke Menschen (vgl. Weber 2007; Mecklenburg/Storck 2008), trotz neuer Instrumente und innovativer Modelle sind die Ergebnisse der beruflichen Wiedereingliederung überwiegend ernüchternd. Viele psychisch kranke Menschen befinden sich in prekären Arbeitsverhältnissen, auf dem zweiten Arbeitsmarkt und in geschützter Arbeit, wie z.B. in Werkstätten für behinderte Menschen.

An dieser Situation hat sich trotz eines breiten und kostenintensiven Angebotsspektrums (z.B. Berufliche Trainingszentren, Rehabilitation psychisch Kranker, Integrationsbetriebe, supported employment, Integrationsfachdienste, Arbeitsassistenz, Persönliches Budget), trotz verbesserter Anreize und Beratung für Arbeitgeber, präventiver Angebote wie Berufliches Eingliederungsmanagement und trotz innovativer Modelle (z.B. virtuelle Werkstatt) *strukturell* nur wenig geändert, so hilfreich sie für einzelne betroffene Menschen auch immer sein mögen.

Angesichts dieser Entwicklung stellt sich die Frage nach den Zielen und der Richtung der aufwendigen beruflichen Rehabilitation, die nur selten auf den ersten Arbeitsmarkt führt und schließ-

lich – nach langen und für Betroffene oft frustrierenden »Maß-
nahmekarrieren« – doch auf Sonderarbeitsmärkten oder in der
Erwerbsunfähigkeitsrente endet. Angesichts der unterschiedlichen
individuellen Ausprägungen, Verlaufsformen, Arten und Auswirkungen psychischer Beeinträchtigungen sowie angesichts unterschiedlicher Karrieren und Lebensperspektiven der Betroffenen
erscheint eine Fixierung auf den ersten Arbeitsmarkt für alle
Betroffenen fragwürdig. Wo finden sich Alternativen und was setzen sie voraus?

*Gesellschaftliche Teilhabe: oder muss es immer Erwerbsarbeit
sein?*

Während *Inklusion* die bürger- und sozialrechtlichen sowie die
infrastrukturellen Rahmenbedingungen der gesellschaftlichen
Teilhabe aller Menschen umfasst und *Integration* das wechselsei-
tige Bemühen um Anerkennung und das Gefühl des Dazugehörens
im alltäglichen Umgang bezeichnet, bleibt der Begriffsinhalt von
Teilhabe unscharf. Im Teilhabebegriff verschränken sich drei
Momente: erstens, das *Teil-Sein*, d.h. die Betonung der ungeteilten
bürger- und sozialrechtlichen Zugehörigkeit zum »Ganzen« der
Gesellschaft und das Gefühl, in einer lokalen Gemeinschaft
respektiert zu sein und gebraucht zu werden. Die Betonung dieses
Moments verweist negativ auf sozialen Ausschluss, Diskriminierung, emotionale Ablehnung und verweigerte Anerkennung.
    Das *zweite* Moment ist *Teilhabe*, d.h. die Einbeziehung in
gesellschaftliche Aktivitäten und Entscheidungen, aber auch die
Teilhabe an gesellschaftlichen Gütern wie Sicherheit, Wohnung,
Arbeit und Sozialen Leistungen. Negativ verweist dies auf vorent-
haltene Beteiligungsmöglichkeiten, auf materielle wie immateriel-
le Zugangsbarrieren, etwa zu Bildung, Beschäftigung, Öffentlichkeit.
    Das *dritte* Moment ist das der *Teilnahme*, d.h. der aktive
Aspekt, der eine Aufforderung und die Chance enthält, die Bür-
gerrolle engagiert wahrzunehmen, Gestaltungsmacht und Möglichkeiten zu nutzen, die Lebensbedingungen im eigenen lokalen

Lebensumfeld mitzubestimmen und durch eigene Ideen und Handeln zu bereichern. Zahlreiche und vielfältige zivilgesellschaftliche Projekte und Initiativen, in denen Betroffene, engagierte Bürger/innen und Fachkräfte zusammenwirken, belegen die Lebendigkeit der »Tätigkeitsgesellschaft« (Wehner 2008), in der Erwerbsarbeit und ökonomischer Nutzen nicht länger als alleiniges Erfolgskriterium gelungener (Wieder-)Eingliederung und als Maßstab für die *gesellschaftliche Wertschätzung* eines Menschen fungieren. Damit dies funktionieren kann und zivilgesellschaftliches Engagement nicht nur zur Legitimation staatlichen Rückzug aus seiner Gewährleistungsverantwortung benutzt wird, bedarf es einiger Voraussetzungen, die politisch zu erstreiten, im fachlichen Diskurs zu verhandeln und in der Öffentlichkeit sichtbar zu machen sind. Der Kürze halber und ohne Anspruch auf Vollständigkeit einige Hinweise:

Politische Voraussetzungen:
– Schaffung verbindlicher und kontinuierlicher Teilhabemöglichkeiten;
– Gemeinschaft befähigen durch Infrastrukturhilfen, die Prozesse der lokalen Gestaltung und Verantwortungsübernahme organisieren und moderieren können;
– Einrichtung kommunaler »Planungszellen« nach dem Modell von Peter Dienel.

Materielle und infrastrukturelle Voraussetzungen:
– Bedingungsloses Grundeinkommen, um Scham zu vermeiden, Vertrauen zu sichern, Selbstbestimmung zu ermöglichen und kreative Handlungsräume zu erschließen (mit dem Risiko des Scheiterns);

Kulturelle Voraussetzungen:
– Plädoyer für eine Kultur der Anerkennung von Diversität;
– Plädoyer für eine Kultur der Imperfektibilität;
– Plädoyer für eine Kultur der Entschleunigung;
– Plädoyer für eine Kultur, die an den Gewinnen der Individuali-

sierung festhält, ohne zu verdrängen, dass trotz Selbstbestimmung, Selbstverantwortung und Eigenaktivität *Fürsorge* und unbedingte generalisierte Solidarität für hilfebedürftige Menschen unverzichtbar bleiben.

Fachliche Aspekte:
– Flexible Durchlässigkeit des Systems der Rehabilitation nach oben (erster Arbeitsmarkt) und nach unten (Grundsicherung, Erwerbsunfähigkeitsrente, etc.);
– Individualisierung im Sinne biografischer und lebensweltlicher Passfähigkeit von Hilfen weiterentwickeln, ohne den Detaillierungs- und Festlegungszwang der individuellen Teilhabepläne (Menschen ändern ihre Ziele, Krankheitsverläufe haben ihre eigenen Dynamik, Lebensverhältnisse und Situationen ändern sich);
– breite Umsetzung des Trägerübergreifenden Budgets;
– Schrittweise Umschichtung von Mitteln aus den großen Institutionen der beruflichen Rehabilitation in lokale Arbeitsprojekte und zivilgesellschaftliche Initiativen, ohne die zwangsläufige Legitimation der Wiedereingliederung auf den ersten Arbeitsmarkt;
– Gezielte Strategien der Ermutigung, des Enablement und des Empowerment, um Betroffenen Partizipation zu ermöglichen. Stärkung der Rolle der Gleichbetroffenen, wie etwa im peer-counseling.

Die ungezählten engagierten zivilgesellschaftlichen Initiativen, Arbeitsprojekte, -firmen und Modelle in der Psychiatrielandschaft stellen eine gute Voraussetzung für eine Umsetzung gesellschaftlicher Teilhabe dar: ihre Vernetzung im Sinne eines pilzgeflechtartigen, rhizomatischen Wachstums ist allerdings noch verbesserungswürdig, etwa durch eine systematische Vernetzung von Erfahrungen bei der konkreten Umsetzung im Web 2.0.

Literatur:

Kardorff, E.v. (2010): Zur Diskriminierung psychisch kranker Menschen. In: Scherr, J. & Hormel, U. (Hg.): Diskriminierung. Grundlagen und Forschungsergebnisse. Wiesbaden: VS-Verlag

Mecklenburg, H. & Storck, J. (Hg.) (2008): Handbuch berufliche Integration und Teilhabe. Bonn: Psychiatrie-Verlag.

Schernus, R. & Bremer, F. (Hg.) (2007): Tyrannei des Gelingens. Plädoyer gegen marktkonformes Einheitsdenken in sozialen Arbeitsfeldern. Neumünster: Paranus-Verlag.

Weber, P. (Hg.) (2005): Tätig sein. Jenseits der Erwerbsgesellschaft. Bonn: Psychiatrie-Verlag.

Wehner, T. (2008): Jenseits der Erwerbsarbeit liegen Antworten für eine Tätigkeitsgesellschaft. In: Aus Politik und Zeitgeschichte Heft 40-41.

Ausführliche Literaturliste beim Autor: ernst.von.kardorff@rz.hu-berlin.de

Sibylle Prins

Jetzt dürfen wir also mitspielen ...

Ein Treffen der Psychiatrie-Erfahrenen in einer größeren Stadt irgendwo in Deutschland. Es ist ca. 18 Uhr, wir betreten einen Raum in der Selbsthilfe-Kontaktstelle. Dieser ist bestückt mit verschiedenen Sesseln und Stühlen sowie zwei Sofas. Die Sitzgelegenheiten sind zu einem offenen Kreis angeordnet. In der Mitte steht ein niedriger Tisch, auf dem sich zwei Kaffeekannen, eine Teekanne und mehrere Teller mit aufeinandergeschichteten Keksen befinden. Es sind etwa zwölf Personen anwesend, Mehr Frauen als Männer. Die Jüngsten der Anwesenden dürften Anfang 30 sein, die Ältesten haben die 50er-Grenze wohl schon überschritten. Nach der Einführung der zahlreichen Nichtrauchergesetze hat man sich dazu entschlossen, dass in diesem Raum nur noch am offenen Fenster hinten in der Ecke geraucht werden darf. Dort steht aber jetzt gerade niemand. Vielmehr wird in kleinen Grüppchen lebhaft geplaudert, einige sitzen schweigend dazwischen, tun sich an den Keksen gütlich ...

Dann ergreift Susanne laut und an alle gerichtet das Wort: »Könnt ihr mal herhören? Unsere Gruppe hat Post bekommen, das geht alle an.« Das Stimmengewirr lässt langsam nach. Obwohl ein Pärchen noch leise weiterspricht, fährt Susanne fort: »Also, hier ist ein Brief von der Evangelischen Akademie Bad Boll. Ich lese mal vor: Sehr geehrte Damen und Herren, wir freuen uns Ihnen mitteilen zu können ... blablabla ... im Mai dieses Jahres eine Tagung zum Thema ›Die Kunst der Teilhabe‹...undsoweiter undsoweiter, angefragt wurden u.a. Klaus Dörner, Thomas Bock, Christian Zechert, Fritz Bremer ...«

»Also die üblichen Verdächtigen«, schnappt Sigrid dazwischen.
»Sei doch mal ruhig! Was wollen die denn nun von uns?«, fragt
Anke.

Susanne liest weiter: » ... würden wir uns freuen, wenn Sie uns
ein Meinungsbild der Betroffenen zum Thema Teilhabe zukom-
men lassen würden ... In gespannter Erwartung verbleiben wir ...
na ja, freundliche Grüße undsoweiter.« Susanne legt den Brief auf
den Tisch. »Wenn ich das richtig verstanden habe, wollen sie von
uns hören, was wir zum Thema Teilhabe meinen. Haben wir uns
darüber eigentlich schon mal unterhalten? Das ist jetzt ja ein ganz
wichtiger Begriff in der Behindertenpolitik. Was wäre für euch
denn Teilhabe?«

Eine Pause tritt ein. Die Gruppenmitglieder sehen sich ratlos an.
Dann nimmt Stefan seine stets kalte Pfeife aus dem Mund und
sagt, mit einem süffisanten Lächeln: »Teilhabe, das wäre, wenn
ich endlich mal 'ne Freundin finden würde. Im Moment ist da wieder so eine nette Praktikantin im Begegnungszentrum. Ich habe
schon ein bisschen mit ihr geflirtet und glaube, meine Chancen
stehen diesmal gar nicht schlecht, hä hä hä.« Sein Lachen klingt
jetzt nicht mehr süffisant, sondern ein bisschen dreckig.

Die Frauen in der Gruppe winken ab. »Ach, Stefan, du mit dei-
nen ewigen Frauengeschichten! Und bei den Praktikantinnen hast
du noch nie Glück gehabt, die dürfen das doch gar nicht, mit
einem Besucher was anfangen.«

Doch damit gibt Stefan sich nicht zufrieden: »Warum denn
nicht? Bei denen kann ich wenigstens erwarten, dass sie keine Vorurteile haben – immer, wenn ich irgendwo anders eine nette Frau
kennengelernt hab, war sie sofort weg, wenn ich ihr sagte, dass ich
psychiatrieerfahren bin und in einer Wohngruppe lebte. Damals
wohnte ich ja noch in der Wohngruppe, wenigstens habe ich jetzt
wieder eine eigene Wohnung, wo das nicht so auffällt.«

Susanne reagiert jetzt ungeduldig: »Stefan, du hast aber auch
immer nur dieses eine Thema im Kopf! Beim Thema Teilhabe geht
es doch um Politik!«

Nun aber protestiert Anke: »Ich finde schon, dass das was mit
Teilhabe zu tun hat! So viele von uns sind ohne Partner oder Part-

nerin, und es gibt immer tausend Gründe, warum die meisten Psychiatrie-Erfahrenen keine Familie haben oder haben sollen – für mich ist das schon ein bisschen spät jetzt mit 39, aber ich hatte mir eigentlich auch vorgestellt, dass ich mal Kinder haben werde ...«

Monika greift den Faden lebhaft auf: »Ja, ich kenne eine Frau, die hatte auch eine schwere Psychose, aber jetzt schon zehn Jahre nichts mehr, sie lebt ohne Medikamente, ist verheiratet und hat drei Kinder. Die ist mein großes Vorbild, da möchte ich auch mal hin. Ich bin jetzt erst 31, also ginge das alles noch – aber ich habe erst einmal in meinem Leben eine kurze Beziehung mit einem Mann gehabt, habe also nur ganz wenig Erfahrung. Aber wenn ich jemanden kennenlerne, weiß ich auch nicht, ob und wie ich ihm von meiner Krankheit erzählen soll und wie ich das erkläre, dass ich in meinem Alter schon in Rente bin. Vor zwei Monaten hatte ich jemanden kennengelernt, das ließ sich ganz vielversprechend an, aber dann bin ich ja wieder in die Klinik gekommen, daran ist es dann kaputtgegangen«.

Susanne greift sich einen Stift und sagt: »Na, also gut. Dann schreibe ich auf: Zum Thema Teilhabe gehören Partnerschaft und Familie.«

Nur Bärbel kichert jetzt: »Für mich nicht. Auch noch 'ne Beziehung – das wäre einfach zu viel Stress.«

Susanne aber fährt ungerührt fort: »Fällt euch sonst noch etwas dazu ein?«

Anke nimmt noch mal das Wort, wobei sie sich halb zögernd, halb selbstsicher in der Runde umsieht: »Für mich bedeutet Teilhabe, nach meinen Möglichkeiten an der sogenannten Normalgesellschaft teilzuhaben. Also auch, normales Geld zu verdienen ...«

»Ja«, unterbricht Andrea sie, »da sagst du was. Ich arbeite in der Werkstatt für Behinderte. Also, ich meine, die Arbeit ist okay, die Kollegen sind auch nett – aber was man da verdient, ist unter jeder Würde. Mir tut das immer weh, wenn ich im Fernsehen von diesen Mindestlohndebatten erfahre – von sieben Euro fünfzig pro Stunde bin ich in der Werkstatt weit entfernt. Und dann zieht mir das Amt auch immer noch so viel ab.«

Hier mischt sich Hartmut ein: »Ihr in der Werkstatt seid ja noch gut dran, bei uns im Zuverdienstbereich sind die Löhne letztes Jahr auf einen Euro dreißig pro Stunde abgesenkt worden, wir kriegen jetzt das Gleiche, was ein Ein-Euro-Jobber kriegt. Das verdient nicht mehr den Namen Zuverdienst!«

»Na ja«, lenkt Andrea ein, »ich verstehe das ja, mein Arbeitsplatz wird auch subventioniert – aber ich bin doch immer sehr knapp, weil ich von Grundsicherung lebe. Und darauf bleibe ich wahrscheinlich auch mein ganzes Leben hängen. Ein Auto also könnte ich mir niemals leisten, auch in Zukunft nicht. Selbst ein neues Fahrrad zu kaufen wird schwierig. Vorher habe ich im Wohnheim gewohnt, da hätte ich mir von dem Taschengeld nicht mal ein gebrauchtes Rad kaufen können. Das haben mir meine Eltern gesponsert. Fürs Mitmachen bei der Theatergruppe kriege ich jetzt Geld übers persönliche Budget – aber wenn mein Einkommen etwas besser wäre, ich etwas mehr eigenes Geld hätte, bräuchte ich das wahrscheinlich gar nicht. Ich finde, die sollten die Zuverdienstgrenzen bei Grundsicherung so weit anheben wie für die Rentner ...«

Nun schaltet Susanne sich wieder ein: »Jetzt lasst uns hier mal nicht die ganze Sozialpolitik durchdeklinieren, wir kommen ja ganz vom Thema weg ...«

Ein Proteststurm erhebt sich, in dem sich Anke durchsetzt: »Also, ich finde schon, dass unsere Einkommenssituation etwas mit Teilhabe zu tun hat! Ich meine, wenn wir normale, durchschnittliche Einkommen hätten, bräuchten wir wahrscheinlich viel weniger über Teilhabe nachzudenken.«

Susanne kritzelt etwas auf ihren Block, hebt den Kopf und sagt: »Okay, ich habe jetzt das Thema Geld und Einkommen notiert. Was noch?«

»Ja, ich war noch nicht fertig«, meint Anke, »was ich noch sagen wollte: die meisten meiner Freunde und Bekannten sind ja auch psychiatrieerfahren. Ich habe kaum noch Kontakte zu Nichtbetroffenen. Also, das würde ich mir doch sehr wünschen, mehr Kontakte mit Leuten, die ganz normal leben und nicht psychisch krank sind.«

»Mir geht's genauso«, meint Monika, »meine Kontakte von
früher sind alle weg, jetzt kenne ich nur noch psychisch Kranke.
Und ich gehe ja jetzt in die Tagesstätte, da bin ich den ganzen Tag
auch nur unter Betroffenen. Ich würde schon gern mehr vom normalen Leben mitkriegen.«

Da fährt Sigrid, wie es ihre Art ist, heftig dazwischen: »Was soll
denn dieses Hochjubeln der Normalen? Sind die etwa besser? Die
normalen Leute unterhalten sich doch ständig bloß über Einbau-
küchen und Strumpfhosen! Jedenfalls, was die Frauen betrifft. Das
kann doch nicht euer Ernst sein, sich nun diese Banalität der Normalität, das Spießbürgertum zu wünschen! Schon Karl Marx sagt
ja, der Normalmensch, das sei der deutsche Spießbürger. Die Psychiatrie-Erfahrenen sind doch viel interessantere Leute, so schön
schrill. Seht euch nur mal den Hermann an, der immer am Kli-
nikgelände und in der Stadt herumstiefelt und sich von nieman-
dem etwas sagen lässt, das ist doch der einzige freie Geist in unserer Gemeinde!«

Andrea schüttelt den Kopf: »Ich lege überhaupt keinen Wert
darauf, als schrill oder ausgeflippt wahrgenommen zu werden.
Und meine Psychosen sind immer echte Horrortrips, daran kann
ich nichts Interessantes finden. Der Hermann tut mir immer leid,
weil er in zerrissenen Sachen und oft ohne Schuhe herumläuft und
um Essen betteln muss. Ich habe auch Angst vor ihm. Aber ich selber habe noch einige Kontakte zu Gesunden, die sind mir auch
sehr wichtig.«

Erdmuthe hat bis jetzt still zugehört. Nun mischt sie sich ein:
»Also, ich kenne auch nur Psychiatrie-Erfahrene, und noch ein
paar Profis. Keine sonstigen sogenannten Gesunden. Aber mir
fehlt da nichts. Ich wehre mich auch dagegen, dass der Kontakt
mit Psychiatrie-Erfahrenen nun als eine Art Gesellschaft zweiter
Klasse angesehen wird, als wären das irgendwie minderwertige
Kontakte, Kontakte zweiter Güte. Meine tiefgründigsten und ern-
stesten Gespräche habe ich mit Psychiatrie-Erfahrenen geführt.
Die haben auch mehr Verständnis für meine Probleme und ich
brauche nicht mein halbes Leben zu verschweigen. Und hat sich
nicht in dieser Stadt schon ein sehr gutes Netzwerk allein unter

Betroffenen gebildet, die sich gegenseitig auch oft helfen und unterstützen? Das soll man doch nicht geringer schätzen als andere Netzwerke. Sonst bedienen wir genau dieselben Vorurteile, die die Nichtbetroffenen uns gegenüber haben. Ich habe sogar ein paar ganz nette Psychiatrie-Erfahrene in der Nachbarschaft ...«

Stefan, der immer noch auf seiner Pfeife herumkaut, ruft aus: »Ja, du! Du wohnst ja auch im Zentrum! Mit meinen Nachbarn kann ich gar nichts anfangen, die wollen mir immer nur Vorschriften machen, wie ich die Treppe zu putzen habe, dass ich den Gehweg angeblich nicht richtig gefegt hätte, diese ollen Nörgler. Und weil jede Woche der Mitarbeiter vom Betreuten Wohnen kommt, haben sie bestimmt auch schon mitbekommen, dass ich psychisch krank bin, und denken jetzt, mit mir kann man's ja machen ...«

Eva, wie immer auf Einhaltung ordentlicher Spielregeln bedacht, hat schon lange Zeit ihren Arm gehoben, um zu Wort zu kommen. Deshalb wendet sich Susanne jetzt an sie und sagt: »Eva, du wolltest noch etwas sagen?«

»Ja, also ich würde nicht wollen, dass meine Nachbarn wissen, dass ich psychisch krank bin. Neulich habe ich schon wieder Ängste gehabt: meine leeren Tablettenschachteln hatte ich weggeworfen, sie lagen dann da für alle sichtbar im Müllcontainer. Da geht bestimmt wieder das Gerede in der Siedlung los«, sagt Eva. »Und meine Freundin Helga ist mal von Polizei und Rettungswagen abgeholt worden zur Klinik, die ganze Nachbarschaft hat das mitbekommen. Als sie wieder zu Hause war, traute sie sich überhaupt nicht mehr auf die Straße. Also, ich möchte so etwas nicht erleben.«

»Gut, aber mit Nachbarn kann man ja auch reden«, brummt Hartmut, »als ich wegen meiner Psychose mal mit denen im Clinch lag, habe ich das hinterher mit ihnen besprochen. Die waren eigentlich ganz verständnisvoll.«

Stefan bleibt skeptisch: »Na, da hast du wohl einfach viel Glück gehabt mit denen.«

Susanne versucht wieder, das Gespräch in halbwegs geordnete Bahnen zu lenken: »Wir waren ja eigentlich bei der Frage, ob wir

uns mehr Kontakte zu Nichtbetroffenen, zu sogenannten ›Normalen‹ wünschen.«

Diesmal wartet Eva nicht, bis sie drankommt: »Ja, ich finde das
wichtig, das man weiterhin mitbekommt, was die Menschen so
bewegt. Als ich mal zwei Jahre nicht gearbeitet habe, hat mir
weniger das Geld gefehlt, auch nicht die Beschäftigung, sondern
die Kommunikation mit Menschen, die ein durchschnittliches
Leben führen. Ich will wissen, was die Menschen interessiert, welche Sorgen sie haben, wofür sie arbeiten. Wie das ist, Beruf und
Familie zu haben. Was sie lesen, was sie denken, was sie in ihrer
Freizeit machen. Sonst habe ich das Gefühl, von der Welt nichts
mitzubekommen, außen vor zu sein. Und ich fühle mich zwar
wohl bei euch, hier in der Gruppe, aber nur immer mit Menschen
zusammen zu sein, die so viele Probleme haben, das tut mir auch
nicht gut, das zieht mich runter.«

Erdmuthe, der ja an diesen Kontakten zu Nichtbetroffenen
nicht so viel liegt, schüttelt energisch den Kopf: »Für mich kann
diese sogenannte Teilhabe keine Einbahnstraße sein. Dass nur wir
uns an die Normalen anpassen und uns für deren Probleme interessieren sollen. Ich meine, die könnten auch mal ein Stück auf uns
zugehen, sich für uns interessieren und wie wir so leben, als Psychiatrie-Erfahrene. Wir haben doch auch etwas zu geben!«

»Na, und was wäre das wohl?« Die Schärfe in Sigrids Stimme
ist unüberhörbar.

Erdmuthe ist dann auch ganz eingeschüchtert und stammelt nur
noch: »Na ja, unsere Psychose- und Psychiatrie-Erfahung, seelische Grenzzustände ...«

»Das ist ja was!« Sigrids Stimme trieft jetzt vor Hohn. »Das
wird die Normalos sicher brennend interessieren! Und sich über
ein Gebrechen interessant machen – was für ein Beitrag ...«

Doch nun hat Sigrid die anderen gegen sich aufgebracht. Allen
voran Anke, die sich ihr mutig entgegenstellt: »Ich finde schon,
dass die sich für unsere Erfahrungen interessieren! Wenn wir in die
Schulen gehen und da vor Schülern berichten, hören alle immer
ganz gespannt zu, stellen viele Fragen. Aber was anderes: Du
weißt vielleicht nicht, dass Eva und ich bei diesem Künstlerhaus

mitmachen. Wir hatten auch schon mehrere Ausstellungen. Und ich denke, mit unserer Kunst kann jeder was anfangen, das ist keine behinderte Kunst oder so was, das lasse ich mir nicht sagen! Und Anita ist heute nicht da, weil sie regelmäßig einen kleinen Jungen betreut und außerdem ehrenamtlich bei der Verteilung von Essen bei der Tafel hilft. Und Klaus – warum ist Klaus heute nicht da? – der geht immer mit Hunden aus dem Tierheim spazieren. Und – ach, das ist mir jetzt zu blöd, dass wir uns da rechtfertigen sollen.«

»Ja, finde ich auch blöd«, schimpft Susanne jetzt mit. »Klaus ist übrigens nicht da, weil er sich um seine kranke Mutter kümmern muss. Obwohl es ihm selbst zurzeit nicht gut geht. Du pflegst doch auch selbst deine Mutter, Sigrid. Ist das etwa nichts? Da gibt es so viele Beispiele, was Psychiatrie-Erfahrene tun – oder tun könnten. Mein Eindruck ist eher, dass es psychisch kranken Menschen oft verwehrt wird, einen Beitrag zu leisten. Ihr erinnert euch vielleicht, als wir uns mal an den Tauschring gewandt haben, um da mitzumachen, sagten sie, sie wollten keine Psychiatrie-Erfahrenen dabei haben. Und die Freiwilligenagentur hat angeblich auch immer keine Aufgaben für Psychiatrie-Erfahrene. Das wäre noch mal Teilhabe, wenn wir bei so was mehr mitmachen könnten.«

Sigrid ist aber immer noch in Fahrt: »Ich höre nur immer Teilhabe, haben, haben – ihr wollt Partnerschaften und Familie, Geld, Kontakte, sonst was – aber was ist mit den Pflichten, die damit verbunden sind? Zum Thema Familie zum Beispiel: Kleine Kinder – die machen eine Riesenmenge Arbeit, diktieren einem den ganzen Tageslauf, man hat kaum mal eine ruhige Minute, aber dafür eine enorme Verantwortung. Oder bei Arbeitsstellen, auf denen man normal verdient – so, wie du das in der Werkstatt machst, Andrea, dich jeden Monat drei Tage krankmelden, weil du deine Periode hast, und dann noch mal mindestens einmal pro Woche, weil du irgendwelche Ängste oder schlecht geschlafen hast – das ginge doch woanders gar nicht. Oder du, Hartmut – wenn in deinem Zuverdienstbetrieb mal ein Kollege schief geguckt hat, muss erst immer ein Gespräch mit dem Abteilungsleiter und deinem Sozialarbeiter stattfinden, damit du wieder hingehst. Auf dem ersten Arbeitsmarkt könntest du dir so ein Verhalten gar nicht erlauben.«

Hartmut braust auf: »Das kannst du gar nicht beurteilen, wie es mir dann geht. Ich brauche halt eine gute und entspannte Atmosphäre bei der Arbeit – sonst kann ich es gleich sein lassen oder komme wieder in die Klinik!«

Susanne, die jetzt doch mehr und mehr inhaltlich mitreden will, meint, weniger aufgeregt: »Ich finde es sehr gut, dass ich von einigen Verpflichtungen, die andere Erwachsene haben, befreit bin, nicht davon betroffen bin. Denn genau das, immer funktionieren zu müssen, egal wie es mir gerade geht – das hat doch zu den ganzen Klinikaufenthalten erst geführt! Für mich heißt Teilhabe genau dies: an Chancen und Möglichkeiten in dieser Gesellschaft teilhaben zu können, Gestaltungsmöglichkeiten zu haben, auch wenn man nicht so stark und leistungsfähig ist wie andere. Ich glaube übrigens, dass wir Psychiatrie-Erfahrenen nicht die Einzigen sind, die vom modernen Leben oft überfordert sind – das geht vielen anderen ja genauso.« Dann besinnt sie sich wieder auf ihre Rolle als Moderatorin und Protokollantin und sagt: »Wo wir schon mal dabei sind – die Leute in Bad Boll wollen bestimmt was zum Thema Teilhabe am Arbeitsleben hören, da sind die immer ganz erpicht drauf.«

Das ist das Stichwort für Thorsten, der – ganz entgegen seiner Gewohnheit – bis jetzt geschwiegen hat: »Ja, das ist ein Skandal, dass man als Psychiatrie-Erfahrener keine Arbeit mehr findet. Und dann soll man womöglich in so eine Werkstatt für Behinderte gehen und da Schrauben verpacken. Ich meine, ich war Ingenieur, habe Kraftwerke und Fertigungsstraßen gebaut – was soll ich mit diesen Montagearbeiten da? Aber es gibt ja anscheinend auch Leute, die sind damit zufrieden, sogar einigermaßen gebildete Leute.« Dabei sieht er Hartmut vielsagend an.

Dieser fühlt sich auch sofort angesprochen: »Ja, Thorsten, ich mache diese Verpackungsarbeiten, obwohl ich vielleicht auch was Besseres könnte. Aber ich bin sehr froh, dass diese Arbeit mir nicht so viel abfordert, sie ist eher entspannend und beruhigend für mich. Ich habe mit mir selbst und dem ganzen sozialen Drumherum genug zu tun, da soll mir die Arbeit selbst nicht auch noch Stress machen.«

»Da werden wir uns wohl nie einig«, meint Thorsten.

Anke beugt sich vor und sieht wieder alle in der Runde an: »Also, ich bin froh, dass ich durch die Rente aus dem Arbeitsleben befreit wurde, und ...«

In dem Moment geht die Tür auf, und hereinplatzt, keuchend und beladen mit Tüten und Taschen, Gerda.

»Hallo und guten Abend«, schnauft sie, »ich konnte leider nicht früher kommen. Schaut mal, die Plakate für unseren Filmabend sind fertig geworden, sind sie nicht schön geworden?«

Und sie fängt an, große Papierrollen zu verteilen. Die Gruppe bewundert die Plakate dann auch gebührend, und Gerda will gerade noch mehr zu dem Filmabend sagen, da fällt ihr Susanne ins Wort: »Gerda, für eine Tagung sammeln wir gerade Meinungen zum Thema Teilhabe. Was denkst du denn darüber?«

Aber da geht Gerda an die Decke: »Ich kann das Wort nicht mehr hören!!! Es ist längst eine Worthülse ohne viel Reflexion geworden außer um ›Maßnahmen‹ zu betiteln.« Sie denkt kurz nach, und fährt dann fort: »Mir persönlich ist immer wichtig, mich selbst immer wieder als Teilnehmerin an allen möglichen gesellschaftlichen Veranstaltungen, Ereignissen, Arbeitsprozessen, Diskussionsprozessen zu üben und meine Kompetenzen dadurch zu erweitern, Leute kennenzulernen, etwas mehr über Hintergründe und Zusammenhänge zu erfahren ... mich selbst als aktiv in sozialen Zusammenhängen zu sehen. Aber zum Thema Teilhabe: da müssen die Psychosozialen erst mal vor ihrer eigenen Tür kehren – zum Beispiel, als ich in diesem Zuverdienstbetrieb gearbeitet hab: wer dort praktisch arbeitet, ist krank oder ein ›Fall‹, wer das Ganze verwaltet und die Schicksale ›bearbeitet‹, lenkt, ist ›gesund‹. Ich fand diese Arbeitsteilung dort sehr auffällig, kränkend und beleidigend. Na ja, es hat mal eine Untersuchung in der Schweiz gegeben, wo alle möglichen Leute nach ihrer Einstellung zu psychisch kranken Menschen befragt wurden. Und die Psychiater und Psychiatrie-Mitarbeiter hatten die negativsten Ansichten, hatten eine schlechtere Meinung von uns als die Normalbevölkerung. Und wer von diesen Profis ist denn im Privatleben ernsthaft mit einem Psychiatrie-Erfahrenen befreundet? Das sind doch die wenigsten, die sind alle froh, wenn sie nach Feierabend mit unserer Sorte nichts mehr zu tun haben.«

Alle haben gespannt zugehört. Anschließend wird eine Weile hin- und hergemurmelt, bis Susanne, die schon öfter auf Psychiatrie-Tagungen gewesen ist und weiß, welche Themen dort gefragt sind, einen neuen Anstoß gibt: »Vielleicht ist es etwas leichter, wenn wir uns über Teilhabe im Freizeitbereich unterhalten? Karin, du hast doch überhaupt noch nichts gesagt. Du singst doch in einem Kirchenchor. Ist das denn nicht Teilhabe für dich?«

Karin erschrickt ein wenig, als sie so direkt angesprochen wird, fasst sich aber schnell. »Ach, ich weiß nicht – ich singe zwar mit, aber ich habe mit den Leuten vom Chor weiter nichts zu tun. Wenn die sich hinterher noch miteinander unterhalten, laufe ich immer schnell davon.« »Aber warum denn?«, will Anke wissen.

»Ach, ich weiß gar nicht, was ich mit denen reden soll. Was ich erzähle, ist für die doch nicht interessant.«

»Das ist echt eine Folge der Psychiatrisierung«, meint Gerda erbost, »sich selbst so abzuwerten! Selbst-Stigmatisierung kann ich da nur sagen!«

Doch Karin hält stand: »Nein, ich kann nicht so gut Small Talk machen mit fremden Leuten, das ist mir unangenehm. Außerdem sind die alle viel besser angezogen als ich, die denken bestimmt von mir, dass ich keinen Geschmack habe.«

»Das ist doch Blödsinn ...«, will Gerda loslegen, aber wieder ist es Anke, die in die Bresche springt. »Ich kann das schon gut verstehen. Ich war mal bei einem Tanzkurs, da habe ich mich auch völlig unwohl gefühlt und wie eine Exotin – obwohl das Tanzen mir Spaß machte und der Tanzlehrer nett war. Aber ich fühlte mich da ausgeschlossen und hatte das Gefühl, die anderen lachten über mich. Und eigentlich neige ich ja nicht zu so paranoiden Gedanken, aber das waren alles nur Leute, die damit angaben, was für tolle Jobs sie hatten und was für tolle Hobbies und tolle Autos, die Frauen waren stark geschminkt und mit Schmuck behängt, nur ich nicht. Ich bin dann nicht mehr hingegangen.«

»Ja, oder noch was anderes«, ergänzt Monika, »ich habe ja durch das Zyprexa dreißig Kilo zugenommen. Ich denke dann schon immer, dass andere von mir denken, ich sei zu dick und würde wohl zu viel essen. Also, ins Schwimmbad gehe ich auch nicht mehr gern. Und das mit der Partnersuche ist dadurch auch nicht einfacher geworden.«

»Jetzt sind wir also wieder bei unserem Anfangsthema.« Susanne schüttelt ein wenig den Kopf.

»Na ja«, drängt sich Gerda noch mal vor, »ich finde, man muss aufpassen, dass das mit der Teilhabe nicht zu so einer Alibi-Diskussion wird. Denn zuerst wird man als psychisch Kranker überall ausgegrenzt, ausgeschlossen – übrigens auch durch die Psychiatrie, deren Diagnosen, und dass die einem ja immer eintrichtert, wie wenig belastbar man wäre und dass man dieses oder jenes nicht mehr tun und schaffen könne – und dann machen sie die großen theoretischen Modelle, wie sie uns wieder ›integrieren‹ können, uns wieder teilhaben lassen können. Also, für mich sieht das ein bisschen danach aus, dass man uns so ein Schonraum-Plätzchen anweist, wo man sich durch uns nicht gestört fühlt, und dann ganz gönnerhaft sagt: Siehst du, jetzt kannst du wieder mitspielen. Also, ich bin da skeptisch. Auch was diese ganzen Sondereinrichtungen für psychisch Kranke anbelangt. Das ist doch das reinste Ghetto. In dem Sinne wäre Teilhabe natürlich wichtig, um dieses Ghetto, diese sozialpsychiatrische Subkultur, wieder verlassen zu können, na ja, und so, irgendwie ...« Sie endet mit ein paar vagen Handbewegungen.

Doch wieder einmal fühlt sich Hartmut angesprochen: »Was diese Sondereinrichtungen angeht – damit meinst du sicher auch unsere Begegnungsstätte. Ich bin froh, dass es die gibt und ich dahin gehen kann. Du brauchst so was nicht schlecht zu machen, nur weil es dir selber nicht gefällt. Ich stelle mir das grauenhaft vor, wenn ich meine Freizeit auch noch unter Leuten verbringen müsste, die so sind wie zum Beispiel meine Geschwister – die sind immer so supertüchtig, so handlungssicher und zupackend, dass mir das Angst macht. Für meine Langsamkeit und dafür, dass ich manche Dinge nicht so gut kann, zum Beispiel so zu arbeiten wie die oder meine Wohnung so zu putzen, wie sie sich das vorstellen, dafür haben sie rein gar kein Verständnis.«

Eva versucht wieder, sich mittels eines erhobenen Arms Gehör zu verschaffen: »Ja, aber gehörte das denn nicht auch zur Teilhabe, dass man bei der Bevölkerung Verständnis schafft für dieses Langsamsein oder manchmal nicht so zu können wie andere, oder auch ungewöhnliche Dinge erlebt zu haben oder zu glauben, eben manchmal anders zu sein? Das könnten die doch auch von uns lernen, dass man statt bei der allgemeinen Hektik mitzumachen, auch als langsamer Mensch leben kann oder als einer, der weniger leistungsfähig ist. Oder dass man anders denken und fühlen kann als die anderen. Ich meine, so wie wir heutzutage leben müssen – das ist doch nicht nur für Psychiatrie-Erfahrene nicht zu schaffen, das ist doch für alle nicht gesund.«

Susanne seufzt hörbar auf und sagt in einem resignierten Tonfall: »Ich glaube, wir fangen an, uns im Kreis zu drehen. Jetzt ist es außerdem schon acht Uhr, vielleicht sollten wir besser Schluss machen. Ich habe mir ein paar Notizen gemacht, die werde ich dann nach Bad Boll schicken. Kommt noch jemand mit in die Kneipe nach nebenan?«

In dem Augenblick öffnet sich noch mal die Tür. Klaus tritt ein. »Hallo, zusammen«, sagt er in seiner zögerlichen und gedehnten Sprechweise. »Wolltet ihr gerade gehen?« Und, mit Blick auf die leer gegessenen Keksteller: »Oh, hattet ihr Kekse?«

Susanne lässt sich diese Chance, noch ein Votum einzufangen, natürlich nicht entgehen, und bestürmt ihn: »Klaus, schön, dass du doch noch kommst. Wir haben uns über das Thema Teilhabe unterhalten. Was meinst du denn dazu?«

Klaus guckt etwas erschreckt. »Jaaa …«, sagt er verlegen, »Teilhabe …«

Es ist nun ganz still im Raum, alle blicken auf Klaus, als müsse von ihm die Erleuchtung kommen. Plötzlich lächelt Klaus, ja, er strahlt förmlich: »Wenn ihr mir Kekse übrig gelassen hättet – *das* wäre Teilhabe gewesen.«

Die SOLTAUER INITIATIVE für Sozialpolitik und Ethik in sozialen Arbeitsfeldern ist 2004 mit den »Soltauer Impulsen« in die Öffentlichkeit getreten. Sie ist eine von inzwischen zahlreichen Initiativen und Einzelpersonen, die die Veränderungen im Gesundheitswesen und in allen sozialen Arbeitsfeldern kritisch beobachten und öffentlich Besorgnis und Widerspruch formulieren. Wie viele andere sucht sie nach Wegen, sozial- und gesellschaftspolitischen Einfluss zu gewinnen, um der Ökonomisierung und Bürokratisierung des Sozial- und Gesundheitswesens – deren destruktive Auswirkungen seit Erscheinen der »Soltauer Impulse« in 2004 noch erheblich zugenommen haben – entgegenzuwirken.

In der auf den nächsten Seiten folgenden Stellungnahme wird versucht, der Frage nachzugehen, in welchen Bereichen die Intentionen der UN-Behindertenrechtskonvention (UN-BRK) auf gegenläufige Tendenzen in Gesellschaft und Politik treffen und woran ihre Umsetzung prinzipiell scheitern könnte.

Im Internet abrufbar unter: http://www.soltauer-impulse.culturebase.org

Die DGSP unterstützt die Stellungnahme inhaltlich und hat ihre Herausgabe finanziell gefördert.

SOLTAUER INITIATIVE für Sozialpolitik und Ethik
in sozialen Arbeitsfeldern

Moralisch aufwärts im Abschwung?

UN-Konvention über die Rechte
von Menschen mit Behinderungen
im Kontext von Sozial- und Wirtschaftspolitik

Großer Wurf in großer Krise!?

> »*Der Zweifel ist eine Huldigung,*
> *welche man der Hoffnung darbringt.*«
> Isidore de Lautréamont (1846–1870), französischer Dichter

Die SOLTAUER INITIATIVE begrüßt die in fünfzig Artikeln aus-
formulierten ethischen, gesellschaftspolitischen und fachlichen
Intentionen[1], der UN-Behindertenrechtskonvention (UN-BRK).
Ihre konkrete Umsetzung könnte die Situation vieler Menschen
mit Behinderungen entscheidend verbessern. Sie könnte dazu beitragen, ihre Freiheitsrechte angemessener zu wahren und ihre individuellen, sozialrechtlichen Ansprüche in einer Weise zu stärken,
die immer gleichzeitig auch gesellschaftliche Räume öffnet.
Die Konvention wird derzeit von allen Seiten enthusiastisch
begrüßt. So heißt es zum Beispiel:
  »Das fortschrittlichste Instrument der Vereinten Nationen, das
jemals zum Schutz der Menschenrechte erarbeitet worden ist«
(Kurt Jacobs, Hochschullehrer, Berufspädagogik der Behinderten).

- »Die Bedeutung der Behindertenkonvention kann nicht hoch
genug eingeschätzt werden ... [von ihr geht] ein geradezu revolutionärer Schub aus« (Klaus Lachwitz, Bundesvereinigung der
Lebenshilfe e.V.). – »Ein großer Wurf« (Ilja Seifert, MdB, Die Lin-
ke). – »Ausdruck eines weltweiten Fortschritts in der Behindertenpolitik« (Markus Kurth, MdB, Bündnis 90/Die Grünen).
  Wenn dann noch von den »Botschaften« der einzelnen Artikel
gesprochen wird, erinnert das gleichsam an gläubigen, religiösen
Enthusiasmus. Dabei befremdet, dass die zustimmende Begeisterung nicht abgeglichen wird mit der Tatsache, dass die UN-BRK
in einer Zeit Gesetzeskraft erlangt, in der die Weltwirtschaft in
ihre größte Krise seit dem Zweiten Weltkrieg geraten ist.
  Während von Politikern, Behindertenvertretern und Fachleuten
heftig über die richtige Interpretation von Begriffen wie Inklusion,
Barrierefreiheit, Selbstbestimmung usw. gestritten wird, wird der
Zielkonflikt zwischen einer am Wettbewerb orientierten Ökono-
mie und den ethisch idealen Forderungen der Konvention unzureichend thematisiert.
  Die zerstörerischen Folgen bisheriger marktradikaler Rezepte
für gesellschaftliche Kulturen und soziale Balance werden sich
jedoch als schwer überwindbare Barrieren für die Umsetzung der
humanen Intentionen der Konvention erweisen. Im Interesse der
Ziele der Konvention müssten ihre Protagonisten alles daranset-
zen, national und international auf einen wirtschafts- und sozialpolitischen Systemwandel hinzuarbeiten.

Staatlich gesicherter Lebensstandard?

»Rechte ohne Ressourcen zu besitzen ist ein grausamer Scherz.«
Julian Rappaport, amerikanischer Gemeindepsychologe, 1998

Der indische Wirtschaftswissenschaftler und Nobelpreisträger
(1998) Amartya Sen beschreibt mit seinem Konzept der »Verwirklichungschancen«, wie entscheidend Wohlergehen auch vom
Einkommen und dem Zugang zu materiellen Gütern abhängig ist.

Armut wird nach diesem Ansatz als Mangel an Teilhabe an gesellschaftlich bedingten Chancen begriffen. Die Überwindung von Armut muss deshalb zu den vorrangigen strukturpolitischen Maßnahmen gehören, um soziale Ausgrenzung zu verhindern. In diesem Sinne machen die Autorinnen und Autoren der UN-BRK bereits in der Präambel und insbesondere in Artikel 28 deutlich[2], dass die Verwirklichung der Menschenrechte behinderter Menschen nicht ohne den Einsatz auch materieller Ressourcen zu haben ist. Gefordert wird nicht lediglich ein »soziokulturelles Minimum« wie im deutschen Sozialrecht.[3]

Grundsätzlich – und vor jeder Diskussion von Details – ist anzumerken, dass sich ein wirtschaftspolitisches Denken, das Ungleichheit begünstigt, teilweise sogar davon ausgeht, dass ein hohes Maß an Ungleichheit die Voraussetzungen für die Entfaltung der Produktivkräfte einer Gesellschaft schafft[4], sich mit der UN-BRK nicht vereinbaren lässt.[5, 6]

In Deutschland zum Beispiel betrifft die mit Hartz IV[7] gegebene »staatlich verordnete Unterversorgung« (Franz Segbers, Pfarrer und Professor für Sozialethik) in hohem Maße auch behinderte Menschen, die im Unterschied zu nicht behinderten Armen meist dauerhaft auf Leistungen nach Sozialgesetzbuch (SGB) XII angewiesen bleiben, ohne die geringste Aussicht, dass sich dieser Status ändert.

Als Konsequenz des so genannten Umbaus des Sozialstaats ist ferner zu beobachten,

• dass Einrichtungen pauschal mit Prämien für hohe Zahlen »ambulantisierbarer« Patienten und für die billigsten Leistungsangebote belohnt worden sind, ohne Rücksicht darauf, ob sie wirkliche Teilhabe fördern;

• dass gleichzeitig Einrichtungen, die Menschen mit sehr hohem Unterstützungsbedarf individuell gerecht zu werden versuchen, durch drastische Mittelkürzungen bestraft werden.

Freiheitsrechte für behinderte Menschen, insbesondere für Menschen mit schweren Behinderungen, werden wertlos, wenn die materielle Grundlage für ein selbstbestimmtes Leben fehlt und/oder Barrieren den Zugang zu ihm blockieren.

Außerdem: Wie sollen Mitarbeiterinnen des Sozial- und Gesundheitswesens, die selbst um ihre Existenzsicherung kämpfen müssen und durch prekäre Arbeitsverhältnisse verunsichert sind, anderen Menschen Sicherheit vermitteln?

Während in den offiziellen sozialpolitischen und fachlichen Diskussionen der Fürsorgebegriff abgewertet und durch moderne Begriffe wie zum Beispiel Eigenverantwortung ersetzt wurde, feiert das System der Fürsorge in privaten, rechtlich nicht abgesicherten Strukturen Auferstehung, was staatlicherseits begrüßt wird. Dieser Vorgang ist besonders in der exorbitant angewachsenen Tafel-Bewegung zu besichtigen (in Deutschland von vier Tafeln in 1994 auf derzeit über 800 Tafeln angewachsen). Da viele, auch behinderte Menschen, die auf die Tafeln angewiesen sind, sich gleichzeitig schämen, sie in Anspruch zu nehmen, ist der diskriminierende Charakter dieser Art von Fürsorge nicht zu verkennen. Diese Kritik ist politisch gemeint und richtet sich nicht gegen das derzeit notwendige Engagement von Bürgern.

Eine 180-Grad-Wende der Politik?

> *»Die Politik soll sich zum Teufel scheren,*
> *wenn sie das Leben nicht menschlicher macht.«*
> Willy Brandt

Der »Denkschrift«[8] der deutschen Bundesregierung zur UN-BRK kann nicht entnommen werden, dass die Notwendigkeit einer sozial- und wirtschaftspolitischen Wende – mit entsprechenden Auswirkungen auf Gesetzgebung und Ausgabenpolitik – als Voraussetzung für die Umsetzung konkreter Schritte im Sinne der Konvention gesehen wird.

In diesem Zusammenhang drängt sich der Eindruck auf: Je stärker die realen ökonomischen Prozesse Teilhabemöglichkeiten behindern, desto steilere ideale Ziele[9] werden in Leitbildern, Verlautbarungen und Hochglanzbroschüren beschworen. Deshalb ist zu befürchten, dass von politischen Verantwortungsträgern nicht zur Kenntnis genommen wird,

- dass parallel zur Erarbeitung der Konvention die Ökonomisierung aller gesellschaftlichen und sozialen Bereiche im Sinne neoliberaler Politik und Denkweise in fast allen europäischen Ländern Fahrt aufnahm;
- dass auf der Basis neoliberaler Politik und Denkweise faktisch in vielen Bereichen das Gegenteil dessen, was die Konvention will, sukzessive in Gesetzgebung, Bewusstseinsbildung und Praxis Einzug hielt;
- dass in diesem Prozess Menschenwürde vielfach beschädigt wurde und wird;
- dass diese sozialen Kosten der Ökonomisierung in den Wirtschaftspolitiken der Länder nicht bedacht werden;
- dass Sozialtransferleistungen (zumindest in Deutschland) auf einem System basieren, das mehr auf Kontrolle statt auf Motivation und Ermutigung setzt;
- dass diejenigen, die im Zuge der Ökonomisierung des Sozialen den neuen Autonomienormen nicht entsprechen können, zunehmend stärker in ihren Menschenrechten eingeschränkt worden sind.[10]

All dies muss jedoch berücksichtigt werden, damit die UN-BRK nicht in Gefahr gerät, zu einer gigantischen Hochglanzbroschüre zu verkommen.

Welche Leitbegriffe gelten?

»Rette das Ziel, triff daneben.«
Stanislaw Jerzy Lec (1909–1966), polnischer Lyriker und Aphoristiker

In derselben Zeitspanne, in der die Konvention mit ihren Forderungen nach voller gesellschaftlicher Teilhabe[11] aller behinderten Menschen erarbeitet wurde (ab 1987), wurden dem Gesundheits- und Sozialwesen zunehmend Ressourcen entzogen und ein Umbau nach Maßgabe von Wettbewerb und wirtschaftlicher Effizienz (Marktförmigkeit des Sozialen) durchgesetzt.

Nicht der Begriff Teilhabe, sondern der Begriff Effizienz im Sinne von »finanzieller Rentabilität« ist in den letzten Jahren im Sozial- und Gesundheitswesen zunehmend mehr zum Leitbegriff geworden.

Der Leitbegriff Effizienz wirkt sich folgendermaßen aus:

* Soziale Dienste und Einrichtungen werden nach Rationalisierungsgesichtspunkten und betriebswirtschaftlichen Kosten-Nutzen-Kalkülen zu Unternehmen umdefiniert und umgebaut. Volkswirtschaftliche Aspekte werden ausgeblendet. Das hat Mechanismen zur Folge wie Vorteilsbeschaffung im verordneten Wettbewerb, verschärftes Controlling von Input und Output, Personalkürzungen, Neustrukturierung von Verwaltungs- und Kommunikationsabläufen, Standardisierung und Quantifizierung von Hilfeprozessen, Privatisierung, Outsourcing und anderes mehr. [12]
* Durch Einführung von Modulen, Fachleistungsstunden und Minutenzählerei wird der Sinn ambulanter gemeindenaher und teilhabeorientierter Arbeit im Prozess der Ökonomisierung zunehmend konterkariert.
* Die so genannte Hilfeplanung wird in manchen Regionen zu einem »Instrument« pervertiert, mit dessen Hilfe der Zugang zu den Hilfen möglichst erschwert, wenn nicht gar verwehrt werden soll.
* Durch die Fixierung auf abrechenbare Einzelleistungen werden soziale Zusammenhänge ausgeblendet. Dies steht im krassen Widerspruch zur Sozialraum- und Inklusionsorientierung.
* Sowohl wegen des materiellen Budgets der Klienten als auch wegen des zeitlichen Budgets der Mitarbeiter werden Möglichkeiten zur und Förderung von Teilhabe zunehmend einschränkt.
* Stark pflegebedürftige Menschen sowie Menschen, bei deren Behinderung dissoziales, andere gefährdendes Verhalten eine Rolle spielt, werden gleichsam »weggedacht«. Weder die personell ausgedünnten Heime noch die ambulanten Dienste können ihnen gerecht werden. Sie werden zu ungeliebten Nomaden zwi-

schen zahlreichen Diensten und Einrichtungen; dadurch wird ihre Form des Behindertseins massiv verstärkt, bis sie schließlich in überregionalen, geschlossenen Einrichtungen landen.[13]

• Bei alledem hat ein Verständnis des Menschen als eines grundsätzlich bedürftigen und immer auch abhängigen Wesens kaum mehr Raum.

• Bei Mitarbeiterinnen des Sozial- und Gesundheitswesens greift eine besorgniserregende Demoralisierung um sich. Sie stehen unter einem enormen betriebswirtschaftlichen Effizienzdruck, der sie an der Umsetzung eben der ethisch-fachlichen Orientierungen hindert, wie sie zu Recht in der UN-BRK gefordert werden.[14]

Geeignete Maßnahmen zur Förderung der Teilhabe sind das alles nicht.

Emanzipierte behinderte Menschen – demoralisierte Mitarbeiter?

»Die Professionen, die in der Lebenswelt am tiefsten verwurzelt sind, sind den ökonomischen Zwängen am hilflosesten ausgeliefert.«
Jürgen Habermas, Philosoph und Soziologe, 2004
(briefliche Reaktion auf die »Soltauer Impulse«)

Die Umsetzung aller Artikel der UN-BRK hängt nicht nur, aber doch zu großen Teilen von gut ausgebildeten Mitarbeiterinnen und Mitarbeitern ab, die die Möglichkeit haben, ihre Arbeit nach den Leitideen der Konvention[15] auszurichten. Ohne sie werden weder neue soziale Teilhabemöglichkeiten für behinderte und sozial benachteiligte Menschen zu erschließen noch eine angemessene Einbeziehung und Anleitung ehrenamtlicher Mitarbeiterinnen möglich sein.[16]

Während das bürgerschaftliche Engagement als Rettung für die Solidarität der Gesellschaft gerade neu entdeckt wird und große

Anerkennung in der Öffentlichkeit, von den Medien und nicht zuletzt von der Politik erfährt, werden die Bürger in der Rolle als professionelle Mitarbeiter, Erzieher, Krankenpfleger, Sozialarbeiter, Ärzte usw. durch erschwerte Arbeitsbedingungen, fachfremde Anforderungen und ethische Unzumutbarkeiten (betriebswirtschaftliche Prioritäten) diskriminiert und aufgerieben.

Nach Angaben des Bundesverbandes der Betriebskrankenkassen (BKK-Gesundheitsreport 2008) sind von der generellen Zunahme psychischer Erkrankungen neben Arbeitslosen und Telefonistinnen besonders Helferinnen in der Krankenpflege, in der Sozialpflege Tätige, Sozialarbeiterinnen sowie in krankenpflegerischen Berufen Arbeitende betroffen. Sie fehlen wegen psychisch bedingter Erkrankungen doppelt so lange wie der Durchschnitt der Beschäftigten.

Widersprüche zwischen dem, was ist, und dem, was sein sollte, sind einerseits sicher der sozialen Arbeit immanent und werden nie ganz zum Verschwinden zu bringen sein. Unter den Bedingungen der Ökonomisierung sind sie jedoch in einer Weise verschärft worden, die den Sinn der Arbeit und das Selbstverständnis von Mitarbeitern in spezifischer Weise gefährdet. Es ist zu befürchten, dass die hochgesteckten Ziele der Konvention diesen Widerspruch nochmals potenzieren werden.

Bereits die derzeitige Situation erfordert von Mitarbeiterinnen subjektive Bewältigungsmuster, die die Diskrepanz für sie irgendwie aushaltbar machen. Sind andere Wege versperrt, besteht die Gefahr, dass der Weg distanzierter »Coolness« gewählt wird. Man lässt sich menschliches Leid aus Selbstschutz nicht mehr nahegehen. Der Begriff »atmosphärische Destruktion« scheint hier zu passen. Ein Ausweg für die Mitarbeiter besteht dann darin, dass sie versuchen, die Diskrepanz im Sinne geforderter (und auch belohnter) Anpassung aufzulösen. Für eine soziale Arbeit, die Brücken in die Gesellschaft hineinbaut, also für das, was in der Konvention »Inklusion« genannt wird, wäre es tödlich, wenn nur noch das Erfüllen instrumenteller Vorgaben und das Schreiben schwarzer Zahlen vonseiten eines seinerseits unter Druck stehenden Arbeitgebers zu Anerkennung führen würde und nicht mehr vorrangig die inhaltliche Arbeit. Hinzu kommt, dass die derzeitige Überbetonung von Selbstbestimmung und Eigenverantwortung emotional distanzierende Beziehungsmuster scheinbar auch moralisch absichert.

Atmosphärische Destruktion – subjektives Erleben

> »Diese von Trägern oder/und der Politik verordnete, teilweise menschenrechtsverletzende Pfuscharbeit muss transparent dokumentiert und in die Verantwortung der Politikerinnen und Politiker zurückgegeben werden.«
> Silvia Staub-Bernasconi,
> Sozialarbeiterin und Hochschulprofessorin, 2008

Im Oktober 2008 initiierte die SOLTAUER INITIATIVE eine kleine Internetumfrage bei politisch interessierten Initiativen und Einzelpersonen des Sozial- und Gesundheitswesens in Deutschland und Österreich.

In den Antworten wird drastisch zum Ausdruck gebracht, wie sehr Mitarbeiterinnen und Mitarbeiter sich in ihrem beruflichen Ethos angegriffen fühlen und ihre Arbeit als entwertet erleben. Ferner wird der subjektiv erlebte Widerspruch zwischen den ethischen und fachlichen Normen und der Funktionslogik, wie sie von Strukturen und Vorgaben her gegeben ist, deutlich. [17]

Im Folgenden eine stark gekürzte Wiedergabe der Antworten:
- »Mitarbeiterinnen sind alleingelassen in der Spannung zwischen dem, was machbar ist, und dem eigenen beruflichen Selbstverständnis.«
- »Selbst gesetzte Erwartungen an fachliches Handeln und reale Beschränkungen der Handlungspotenziale stoßen zusammen – Mitarbeiter leiden an der mangelnden Umsetzung eigener Ansprüche.«
- »Mitmenschlichkeit nimmt ab und wird mit routiniertem professionellem Verhalten verwechselt.«

- »Es ist heute nicht mehr selbstverständlich, sich positiv für behinderte, psychisch kranke Menschen zu engagieren.«
- »In der Arbeit mit Patienten zählen nur noch Leistungskennzahlen.«
- »Fachkräfte werden zu Raumwärterinnen und Bereitstellerinnen von infrastrukturellen Rahmenbedingungen.«
- »Differenzierte pädagogische Arbeit, die in der Jugendarbeit in einer Assistenz von Selbstbildungsprozessen bestünde, ist immer weniger möglich.«
- »Die Verknappung der Stellen und die Prekarisierung der Anstellungsbedingungen führen zu starker Angst um den Verlust des Arbeitsplatzes und einem deutlichen ›Duckmäusertum‹.«
- »Fachliche Debatten um Bedingungen und Ausrichtung zum Beispiel der offenen Kinder- und Jugendarbeit werden mit den Trägern kaum noch gewagt.«
- »Es gibt Unmengen an Verwaltungsarbeit in der Pflege und eine immer mehr medizinisch-technische Ausrichtung. Beziehungsgestaltung und ›ursprüngliche Pflegearbeit‹ geraten in den Hintergrund.«
- »In der Pflege herrschen wieder personelle Rahmenbedingungen im stationären Bereich wie in den 1960er- und 1970er-Jahren.«
- »Es gibt eine Steigerung der Arbeitsbelastung innerklinisch durch Stellenabbau und eine Steigerung der Arbeitsbelastung durch fehlende Refinanzierung der ambulanten Leistungen.«
- »Es gibt innerliche Kündigungen, um dem Druck standzuhalten. Mitarbeiter verlassen das Arbeitsfeld und wenden sich einer gänzlich anderen Tätigkeit zu.«
- »Es entsteht das Gefühl, sich mehr um die Sicherung des eigenen Arbeitsplatzes kümmern zu müssen, als sich um das Wohl der Klienten kümmern zu dürfen.«
- »Reflexionszeiten werden reduziert oder gestrichen. Zunehmend wird Arbeit wie am Fließband gewünscht: Burnout nimmt zu.«
- »Ausbildungsfeindlichkeit: Wer im sozialen Bereich arbeiten will, macht einen Fehler, wenn er sich gut ausbilden lässt! Der Geldgeber formuliert klar, dass diese Arbeit auch von schlechter qualifiziertem Personal durch geführt werden kann.«

- »Früher hat man gute Arbeit gemacht, heute muss man seine Arbeit gut darstellen.«
- »Die Ziele der Arbeit haben sich geändert: Früher haben Mitarbeiterinnen prozessorientiert im Sinne von ›Der Weg ist das Ziel!‹ gearbeitet, jetzt zählt die Ergebnisorientierung. Jetzt wird einfach festgelegt, was nach einer begrenzten Anzahl von Stunden als Ergebnis herauskommen soll.«
- »Die Ethik der sozialen Arbeit wurde abgeschafft. Schleichend verändert sich das Denken der Mitarbeiter über ihre Arbeit. Es gibt die Befürchtung, dass Untergrenzen der Sozialstaatlichkeit unterschritten werden.«
- »Ziele innerhalb des Sozialwesens gehen verloren.« [Die Langfassung der Befragungsergebnisse erscheint voraussichtlich im Heft 2/2010 der »Sozialpsychiatrischen Informationen«.]

Verborgene Ideologien der Abwertung

»Es breitet sich in unserer Gesellschaft eine seelische Hornhautmentalität aus, die die Menschen unempfindlich macht für die wirklichen Nöte ihrer Mitmenschen.«
Heiner Geißler, 2009

Gegen gesellschaftliche »Hornhautmentalität« richtet sich der mit »Bewusstseinsbildung« überschriebene Artikel 8 der UN-BRK[18].

Zur diesbezüglichen Lage in Deutschland veröffentlicht Wilhelm Heitmeyer, Universität Bielefeld, seit sechs Jahren unter dem Titel »Deutsche Zustände« die Ergebnisse seines Forschungsteams über die Einstellung der Deutschen gegenüber benachteiligten Gruppen. Bereits 2003 konstatierte er »beunruhigende Zeichen einer Bereitschaft zur Abwertung von Behinderten, Obdachlosen, Bettlern, Sozialhilfeempfängern, von neu Zugezogenen und, nicht zuletzt, von Frauen«. Unter dem Titel »Moralisch abwärts im Aufschwung« veröffentlichte er 2007 folgende Ergebnisse: Über ein Drittel der Deutschen stimmten tendenziell den Aussagen zu, dass die Gesellschaft sich wenig nützliche Menschen (33,3 Pro-

zent) und menschliche Fehler nicht mehr leisten (34,8 Prozent)
könne. Und etwa 40 Prozent der Befragten waren der Ansicht, in
unserer Gesellschaft würde zu viel Rücksicht auf Versager genommen. Zu viel Nachsicht mit solchen Personen galt 43,9 Prozent als
unangebracht, und etwa ein Viertel stimmte der Aussage zu, dass
moralisches Verhalten ein Luxus sei, den wir uns nicht mehr leisten könnten (25,8 Prozent). Dabei zeigte sich, dass diese Auffas-
sungen vor allem von Personen mit »ausgeprägter Aufstiegsorien-
tierung« vertreten wurden, gleichgültig ob sie realiter erfolgreich
waren oder nicht. Wobei, nach Heitmeyer, »mit niedriger Sozial-
lage das Bedürfnis wächst, sich von Personen am untersten Rand
der Sozialhierarchie abzugrenzen, indem man diesen eine negati-
vere Arbeitshaltung zuschreibt als sich selbst«. Er schlussfolgert,
dass »hinter den angeblich wertfreien Effizienz- und Nutzenkal-
külen Ideologien der Abwertung verborgen sein [können], ohne
dass diese thematisiert werden« (Die Zeit, Nr. 51, 13.12.2007).
Durch Heitmeyers Untersuchungen wird unter anderem deutlich, wie tief ein von Effizienzgesichtspunkten und Nutzenkalkü-
len gesteuertes Denken in das Bewusstsein von Teilen der Gesellschaft eingedrungen ist und wie fern diese Bewusstseinslage der
Grundintention der UN-Konvention nach Teilhabe für alle ist.
Und die Politik? Ob es der Würde jedes behinderten Menschen
entspricht, als ein »mit Kaufkraft ausgestatteter Nachfrager individueller Dienst- und Sachleistungen« angesehen zu werden und
ob Begriffe wie »Teilhabemanagement, Ziel- und Wirkungsorien-
tierung, Effektivität, Effizienz, Fallmanagement, Einzelfallsteue-
rung, Teilhabeplan, Kunden« usw. in die von der UN-BRK ange-
strebte Richtung bewusstseinsbildend wirken, muss stark bezwei-
felt werden.[19]

Zu einer durch die Sozialpolitik einzuleitenden Bewusstseinsbildung müsste vielmehr gehören, die negativen Folgen des Eindrin-
gens ökonomischen Effizienzdenkens und der dazugehörenden
ökonomisierten Sprache in die Sozial- und Gesundheitsbereiche
kritisch zu bilanzieren.[20]

Zweifel und Hoffnung – Ausblick

»Die Pferde der Hoffnung galoppieren,
doch die Esel der Erfahrung schreiten langsam.«
Russisches Sprichwort

Die Intentionen und Leitideen der UN-Konvention für die Rechte behinderter Menschen verbinden in ethisch und fachlich äußerst qualifizierter Weise emanzipatorische Konzepte mit Konzepten notwendiger Sorge-Leistungen. Der Konvention fehlt es jedoch vollständig an der Einbettung in eine Philosophie, die Sozial- und Wirtschaftspolitik zusammen denkt.

Gerade weil die UN-BRK keine Spezialkonvention für behinderte Menschen sein soll, sondern die konsequente Anwendung der allgemeinen Menschenrechte auf behinderte Menschen, muss die allgemein zunehmende Exklusion immer größerer Bevölkerungsteile durch wirtschafts- und finanzpolitische Mechanismen mit in den Blick genommen werden.

Eine Inklusion gerade behinderter Menschen in einer vom System her exkludierenden Politik ist schwer vorstellbar.

Wenn Sozialpolitik im neoliberalen Sinne entworfen wird, wie derzeit in fast allen europäischen Ländern, ist nicht erkennbar, wie der sozialethisch determinierte Leitbegriff der Teilhabe mit dem neoliberal determinierten Begriff der Effizienz, der in alle gesellschaftlichen, kulturellen und sozialen Ebenen eingedrungen ist, vereinbart werden kann.

Solange neoliberale Marktideologen Exklusion im großen Maßstab nicht nur als unvermeidlichen Nebeneffekt in Kauf nehmen, sondern sie sogar zur Belebung der Wirtschaftsdynamik anstreben, werden die Inklusionsbemühungen der Konvention romantisches Wunschdenken bleiben.

Die SOLTAUER INITIATIVE sieht es als erforderlich an, dass in der Politik ein Diskussionsprozess eingeleitet wird, in dem die ethischen und fachlichen Anliegen der Konvention auf den realen und fortgeschrittenen Prozess der Ökonomisierung des Sozialen bezogen werden. Denn wenn Ideal und Wirklichkeit zu stark auseinanderklaffen, wird dies sehr bald Betroffenen nur noch zynisch-bittere Bemerkungen entlocken und zu weiterer Demoralisierung von Mitarbeiterinnen und Mitarbeitern führen, die die Arbeit im Sozial- und Gesundheitswesen tragen.

Wirksam kann der ethische Imperativ der Konvention nur werden, wenn das Soziale nicht als Zugabe in wirtschaftlichen Schönwetterperioden angesehen wird, sondern als konstitutives Element einer Wirtschaftsordnung.

Um den Intentionen der UN-BRK zu entsprechen, müsste Wirtschaftspolitik zu einem – allerdings höchst wichtigen – Teil der Sozialpolitik werden.[21]

Das wäre dann tatsächlich ein »revolutionärer Schub«. Denn Inklusion im Sinne der Teilhabe aller hat den gesellschaftlichen und politischen Konsens zur Voraussetzung, dass der erwirtschaftete Wohlstand dem sozialen Ausgleich dient und nicht der sozialen Spaltung und den Börsen.

Wenn die Wirtschafts- und Finanzkrise nicht zu der politischen Einsicht führt, dass es eine entschiedene Umkehr zu einer sozialen, ökologischen und global verpflichteten Marktwirtschaft geben muss, werden auch die »Botschaften« der UN-Konvention nicht mehr als eine schöne Sonntagsrede sein.

Dann ist zu befürchten, dass die »soziale Blase« eines Tages – genauso »unerwartet« – platzen wird wie die »Finanzblase«.

Weil uns die menschenrechtlichen Anliegen der UN-BRK sehr am Herzen liegen, sagen wir nein zu einer Politik der Konjunkturspritzen, die vor allem materielles Wachstum anregen will und ökologische und soziale Aspekte vernachlässigt.

Weil wir die ethischen Ziele der UN-BRK teilen, sagen wir nein zu einer Politik, die der Finanzbranche keine entschiedenen Regeln vorgibt und sie weiter wie bisher – nur besser getarnt – die Jagd nach hohen Renditen fortsetzen lässt.

Wir sagen nein, weil auch wir gerne ja sagen möchten. Weil wir gerne an die Möglichkeit konkreter Schritte zur Umsetzung der UN-BRK glauben und an ihnen mitarbeiten möchten.

Anmerkungen

1 Artikel 1 UN-BRK: »(1) Zweck dieses Übereinkommens ist es, den vollen und gleichberechtigten Genuss aller Menschenrechte und Grundfreiheiten durch alle Menschen
mit Behinderungen zu fördern, zu schützen und zu gewährleisten und die Achtung der
ihnen innewohnenden Würde zu fördern.«

2 Bereits in der Präambel der UN-BRK findet sich der deutliche »Hinweis darauf, dass ...
die nachteiligen Auswirkungen der Armut auf Menschen mit Behinderung dringend
angegangen werden müssen ...« (Präambel, Punkt t).
In Artikel 28 UN-BRK »Angemessener Lebensstandard und sozialer Schutz« heißt es
unter anderem: »(2) Die Vertragsstaaten ... unternehmen geeignete Schritte, um ...
c) in Armut lebenden Menschen mit Behinderungen und ihren Familien den Zugang zu
staatlicher Hilfe bei behinderungsbedingten Aufwendungen, einschließlich ausreichender Schulung, Beratung, finanzieller Unterstützung sowie Kurzzeitbetreuung, zu sichern
...«

3 Zum Beispiel verträgt sich der in § 13 SGB XII formulierte Mehrkostenvorbehalt bezüg-
lich ambulanter Leistungen nicht mit den Vorstellungen der UN-Konvention, wie sie in
Artikel 9 formuliert werden. Das gilt auch für Teilhabe-Barrieren, wie sie sich durch die
im deutschen Sozialrecht festgeschriebene Einkommens- und Vermögensabhängigkeit
der Eingliederungshilfe ergeben.

4 »Die Verfassung der Freiheit« (1971/2005) lautet eines der Hauptwerke des neoliberal-
len Vordenkers Friedrich August von Hayek, in dem ausgeführt wird, dass »eine
Spannung zwischen Armen und Reichen der Motor des Fortschritts ist und eine
Spaltung der Gesellschaft daher nicht nur wünschenswert, sondern notwendig ist, um
den Fortschritt zu fördern«. Das heißt: »Je größer das Maß an Ungleichheit ist, umso
mehr Produktivkräfte werden in einer Gesellschaft geweckt – so die These von F.A. von
Hayek. Und umgekehrt: »Je geringer das Maß an sozialer Ungleichheit ist, umso unpro-
duktiver ist eine Gesellschaft« (zitiert nach Klute, J.: Neoliberalismus – eine Ideologie
der Ungleichheit, Münster 2005).
Erst auf diesem Hintergrund wird verständlich, dass es keineswegs der Logik entbehrt,
Sozialabbau als »Reform« zu bezeichnen.
Im Gegensatz dazu stehen Aussagen in den Armuts- und Reichtumsberichten der
Bundesregierung von 2005 und 2008, in denen der Ansatz von Amartya Sen aufgegrif-
fen wird. 2005 heißt es unter anderem: »Armut bezieht sich demnach auf die
Ungleichheit von Lebensbedingungen und die Ausgrenzung von einem gesellschaftlich
akzeptierten Lebensstandard« (2. Armuts- und Reichtumsbericht, S. 9). Auch der 3.
Armuts- und Reichtumsbericht der Bundesregierung von 2008 versteht Armut als
gleichbedeutend mit einem Mangel an Verwirklichungschancen.

5 Zur Ungleichheit: Das gesamte Nettovermögen deutscher Haushalte war von 2002 bis
2007 um rund 7 Prozent gestiegen und lag 2007 bei 6,6 Billionen Euro. Hiervon ent-
fielen auf das reichste Zehntel aller Personen 61,1 Prozent (2002: 57,9 Prozent); das

reichste Hundertstel besaß 23 Prozent. Die untere Hälfte der Bevölkerung hatte dagegen insgesamt überhaupt kein (0,0 Prozent) Vermögen (2002: 0,5 Prozent). Das Vermögen des ärmsten Viertels war sogar negativ: Seine Verschuldung entsprach 2007 minus 1,6 Prozent des Gesamtvermögens (2002: minus 1,2 Prozent). Seit 2002 ist die hohe Vermögenskonzentration also noch einmal erheblich gestiegen (alle Angaben nach: DIW-Wochenbericht 4/2009).

Diese die Exklusion behinderter Menschen besonders tangierende soziale Polarisierung wird durch einen Abbau öffentlicher Dienstleistungen verstärkt, auf die insbesondere einkommensschwächere Bevölkerungsschichten angewiesen sind. Der Anteil öffentlicher Investitionen am Bruttoinlandsprodukt (BIP) ist in den letzten Jahrzehnten kontinuierlich von 4,8 Prozent im Jahr 1970 auf 1,5 Prozent gefallen und rangiert (mit Österreich) am unteren Ende der OECD-Länderskala. Auch bei den Ausgaben für soziale Dienstleistungen gehört Deutschland zu den rückständigen Ländern mit 1,9 Prozent des BIP gegenüber 2,3 Prozent im OECD-Durchschnitt, dagegen 2,7 Prozent in Frankreich und 7,4 Prozent in Schweden (aus: Memorandum 2009: Von der Krise in den Absturz?, Hrsg. Arbeitsgruppe Alternative Wirtschaftspolitik).

6 Das Sozio-oekonomische Panel (SOEP) – eine jährliche Befragung von Privathaushalten – belegt einen kontinuierlichen Anstieg der Einkommensarmutsquote von 1998 bis 2005.

7 2,4 Millionen Kinder sind von Armut bedroht. 40 Prozent aller Alleinerziehenden mit rund einer Million Kindern müssen von Hartz IV leben. Die Lage Alleinerziehender mit einem behinderten Kind ist katastrophal.

8 Denkschrift zu dem Übereinkommen vom 13. Dezember 2006 über die Rechte von Menschen mit Behinderungen – Bundestags-Drucksache 16/10808, S. 45 ff.

9 Konkrete Auswirkungen zum Beispiel folgender idealer Ziele (UN-BRK, Artikel 4, b und c) auf die Realität von Gesetzgebung und Programmen wären sehr zu begrüßen: »Die Vertragsstaaten verpflichten sich, ... b) alle geeigneten Maßnahmen ... zur Änderung oder Aufhebung bestehender Gesetze, Verordnungen, Gepflogenheiten und Praktiken zu treffen, die eine Diskriminierung von Menschen mit Behinderungen darstellen; c) den Schutz und die Förderung der Menschenrechte von Menschen mit Behinderungen in allen politischen Konzepten und allen Programmen zu berücksichtigen ...«

10 In diesem Zusammenhang ist festzuhalten, dass das SGB IX bereits viele Grundintentionen der UN-BRK enthält. Die Erwartungen vieler behinderter Menschen und ihrer Angehörigen an die Umsetzung des SGB IX haben sich jedoch nicht erfüllt.

11 Artikel 9 UN-BRK: »Zugänglichkeit«: »(1) Um Menschen mit Behinderungen eine unabhängige Lebensführung und die volle Teilhabe in allen Lebensbereichen zu ermöglichen, treffen die Vertragsstaaten geeignete Maßnahmen ...« (in zehn Unterpunkten zu Abs. 1 und 2 wird Barrierefreiheit/Zugänglichkeit für sämtliche Lebensbereiche durchdekliniert).

12 Silvia Staub-Bernasconi weist darauf hin, dass der Neoliberalismus der Sozialen Arbeit keineswegs nur aufgezwungen wurde. So habe die Soziale Arbeit ohne nennenswerte Gegenwehr ihre über hundert Jahre hinweg entwickelte Fachsprache durch ganz neue Begriffswelten verdrängen lassen. »Kaum ein Fachartikel, der nicht auf vielfältige, teilweise absurde Weise mit dem Begriff ›Selbst‹ umgeht, d.h., der klar (psycho-) soziale Sachverhalte in individualistische Kategorien fasst. Selbstverwirklichung, Selbstwirksamkeit, Selbstmanagement, Selbstverantwortung, Selbstempowerment usw. Sie alle suggerieren eine fiktive Autonomie, die ohne Bezug auf Mitmenschen und Sozialstrukturen auskommt. Kaum ein Artikel, in dem der zentrale Sachverhalt nicht das Etikett ›Management‹ verpasst bekommt. ... Schließlich ist der Fachdiskurs zusätzlich mit Begriffen wie Outputorientierung, Globalbudgets, Produkte, Anreize, Qualitätsmanagement, Taylorisierung der Arbeitsabläufe usw. durchsetzt.« Staub-Bernasconi fragt, ob die Soziale Arbeit bei der Einführung des »Casemanagements« überhaupt gemerkt habe, dass es sich um ein standardisierbares Verfahren der Organisation von Hilfsangeboten handelt, das sich für das ›Management‹ unterschiedlichster Personengruppen eignet »und deshalb durch Personen unterschiedlichster Herkunft und Vorbildung verwendet werden kann. ... In vielen Fällen hat die Soziale Arbeit damit ihre eigene fachliche Deprofessionalisierung, professionelle Entmachtung oder gar Ersetzung durch billigeres Personal, z.b. mit kaufmännischer Vorbildung, eingeleitet« (Staub-Bernasconi, Masterstudiengangsleiterin: »Also die Soziale Arbeit muss sich wahrscheinlich immer weiter entwickeln und politischer werden«; Kurzvortrag anlässlich der Masterfeier 2008, Zentrum für Postgraduale Studien Sozialer Arbeit in Berlin).

13 Siehe auch: Vock, R./Zaumseil, M./Zimmermann, R.B./Manderla, S.: Mit der Diagnose »chronisch psychisch krank« ins Pflegeheim? Eine Untersuchung der Situation in Berlin. Frankfurt am Main: Mabuse-Verlag, 2007.

14 Diese Einschätzung wird in einer qualitativen Befragung von Supervisorinnen und Supervisoren bestätigt. Dort heißt es, »dass der Druck, sachlich, vor allem aber ökonomisch ununterbrochen hocheffizient sein zu müssen, weithin erheblich zunimmt und die psychophysischen Kräfte vieler Beschäftigter verschleißt« (Haubl, R./Voß, G.G.: Psychosoziale Kosten turbulenter Veränderungen – Arbeit und Leben in Organisationen 2008. In: Positionen – Beiträge zur Beratung in der Arbeitswelt, Heft 1, 2009).

15 Leitideen, wie sie sich unter anderem in Artikel 4 UN-BRK: »Allgemeine Verpflichtungen« finden: »(1) Die Vertragsstaaten verpflichten sich, die volle Verwirklichung aller Menschenrechte und Grundfreiheiten für alle Menschen mit Behinderungen ohne jede Diskriminierung aufgrund von Behinderungen zu gewährleisten und zu fördern. Zu diesem Zweck verpflichten sich die Vertragsstaaten ... (d) Handlungen oder Praktiken, die mit diesem Übereinkommen unvereinbar sind, zu unterlassen und dafür zu sorgen, dass die staatlichen Behörden und öffentlichen Einrichtungen im Einklang mit diesem Übereinkommen handeln ...«

16 Zum Beispiel: Bundesweit wurden zwischen Ende 2002 und Ende 2006 mehr als 11 Prozent der Stellen (Vollzeitäquivalente) in öffentlichen und privaten Einrichtungen der Kinder- und Jugendhilfe (ohne Kindertagesstätten) abgebaut.

17 Die bereits erwähnte qualitative Befragung von Supervisoren (siehe Anm. 14) kommt zu Ergebnissen, die den Antworten aus der Befragung der SOLTAUER INITIATIVE sehr genau entsprechen. So heißt es dort zum Beispiel: »Effizienzdruck führt zu einem Verlust an Kreativität, weil sich Kreativität nur in Zeiten und Räumen entfaltet, die von Effizienzdruck entlastet sind. Statt Kreativität wird Standardisierung begünstigt. ... Die steigende Arbeitsintensität macht krank oder führt zu einer inneren Kündigung, die aber letztlich auch nicht der Gesunderhaltung dient. ... Um sich vor Demoralisierung ... oder gar Depression zu schützen, entwickeln immer mehr Beschäftigte einen zynischen Habitus. Dieser Zynismus bietet längerfristig aber nur unzureichend Schutz, denn er belastet sowohl die kollegialen Beziehungen als auch die Beziehungen zu Klienten ... und zur eigenen Familie ...« Betriebliche Vorgesetzte »verstehen sich primär als hart drängende Change-Agents, die den auf sie einwirkenden ökonomischen Druck nach unten weitergeben und ihre Mitarbeiter/-innen mit den Folgen weitgehend alleinlassen«.

18 Auszüge aus Artikel 8 UN-BRK: »Bewusstseinsbildung«:
»(1) Die Vertragsstaaten verpflichten sich, sofortige, wirksame und geeignete Maßnahmen zu ergreifen, um
a) in der gesamten Gesellschaft, einschließlich auf der Ebene der Familien, das Bewusstsein für Menschen mit Behinderungen zu schärfen und die Achtung ihrer Rechte und ihrer Würde zu fördern;
b) Klischees, Vorurteile und schädliche Praktiken gegenüber Menschen mit Behinderungen ... zu bekämpfen ...
(2) Zu den diesbezüglichen Maßnahmen gehören
a) die Einleitung und dauerhafte Durchführung wirksamer Kampagnen zur Bewusstseinsbildung in der Öffentlichkeit mit dem Ziel ... ii) eine positive Wahrnehmung von Menschen mit Behinderungen und ein größeres gesellschaftliches Bewusstsein ihnen gegenüber zu fördern ...«

19 Vorschlagspapier der Bund-Länder-Arbeitsgruppe »Weiterentwicklung der Eingliederungshilfe für Menschen mit Behinderungen« der Arbeits- und Sozialministerkonferenz (ASMK), November 2008.

20 Staub-Bernasconi: »Eine Untersuchung zeigt, dass im Vergleich zur Ärzte-, Lehrerschaft und den Pflegekräften der Neoliberalismus in der Sozialen Arbeit am einflussreichsten war (Exworthy et al.: Professionals and new managerialism, 1999)« (siehe Anm. 12).

21 So der bedeutende, aber heute kaum mehr bekannte Volkswirt Constantin von Dietze, der in den 1930er-Jahren der ordoliberalen Freiburger Schule nahestand. Er betonte, dass Sozialpolitik sich nicht auf zusammenhanglose Fürsorgemaßnahmen beschränken dürfe, sondern zur Stabilität der gesamten Gesellschaft beitragen und ständig im Einklang mit den Grundsätzen der Gesamtwirtschaftsordnung stehen müsse.
Ob Hoffnung in dieser Richtung im Zusammenhang mit dem Europäischen Jahr gegen Armut und soziale Ausgrenzung aufkommen kann? Vielleicht! Immerhin wird in dem darauf bezogenen Entwurf des Bundesarbeitsministeriums, der den Titel trägt: »Mit neuem Mut – Nationale Strategie für Deutschland zur Umsetzung des Europäischen Jahres 2010 gegen Armut und soziale Ausgrenzung«, gleich im ersten Abschnitt Folgendes gesagt: »In der gegenwärtigen Finanzmarkt- und Konjunkturkrise sind

besonders finanzschwache und benachteiligte Gruppen gefährdet, sodass die Fähigkeit des Sozialstaats zur sozialen Bewältigung wirtschaftlicher und gesellschaftlicher Umbrüche besonders gefragt ist.« Es ist sehr zu begrüßen, dass endlich ausdrücklich der Bezug zwischen Armut und sozialer Ausgrenzung hergestellt wird. Zugleich wird allerdings auf die Sozial- und Gesundheitspolitik der letzten Jahre und die Auswirkungen des mit der Agenda 2010 vollzogenen Paradigmenwechsels nicht eingegangen. Eine »mit neuem Mut« artikulierte grundsätzliche Kritik an neoliberaler Politik, ihrer hohen Mitverantwortung am Zustandekommen der Krise, ihren deutlichen Versuchen, den Sozialstaat zu demontieren und gesellschaftliche Risiken zu individualisieren, findet sich in dem Papier nicht (vgl. http://www.bmas.de)

Mitwirkende an diesem Buch

Fritz Bremer, geb. 1954 in Lübbecke, ist Diplompädagoge und arbeitet seit Mitte der 70er Jahre in sozialpädagogischen und sozialpsychiatrischen Einrichtungen. Er gründete 1985 mit Henning Poersel den »Brückenschlag – Zeitschrift für Sozialpsychiatrie, Literatur, Kunst« und später den Paranus Verlag. Heute ist er Pädagogischer Leiter in der Brücke Neumünster gGmbH. Er ist verheiratet und Vater von drei Kindern. Zahlreiche Veröffentlichungen, zuletzt (zusammen mit Renate Schernus): Tyrannei des Gelingens. Plädoyer gegen marktkonformes Einheitsdenken in sozialen Arbeitsfeldern, Paranus Verlag, 2. Auflage 2007. Mitglied des erweiterten Vorstands der DGSP. (Mit)Initiator der »Soltauer Initiative« (siehe: www.psychiatrie.de/dgsp/soltauer_initiative)

Birgit Görres, Geschäftsführerin Dachverband Gemeindepsychiatrie e.V., seit 1981 in verschiedenen Feldern der Gemeindepsychiatrie tätig. Aktuelle Schwerpunkte: Inklusion psychisch erkrankter Menschen, Bürgerschaftliches Engagement, Prävention und Gesundheitsförderung bei Kindern psychisch kranker Eltern, Aufbau von Netzwerken innerhalb und außerhalb der Gemeindepsychiatrie. Kontakt: goerres@psychiatrie.de

Hartwig Hansen, Jg. 1957, Diplompsychologe, lebt in Hamburg und arbeitet dort als Autor, Fachlektor und Paar- und Familientherapeut, aktuelle Veröffentlichungen: *A bis Z der Interventionen in der Paar- und Familientherapie*, Klett-Cotta Verlag, 2007, *Respekt – Der Schlüssel zur Partnerschaft*, Klett-Cotta Verlag, 2008, *Die Liebe wiederfinden – Schlüsselszenen aus der Paartherapie*, Balance Verlag, 2009. Siehe auch: www.hartwighansen.de

Doortje Kal, Dr., Jg. 1948, ergriff als Präventionsmitarbeiterin soziale Psychiatrie in den Niederlanden die Initiative für das Projekt Kwartiermaken, um die soziale Integration von psychiatrieerfahrenen Menschen zu fördern. 2001 promovierte sie mit der Reflexion über dieses Projekt (auf Deutsch erschienen: *Gastfreundschaft – Das niederländische Konzept Kwartiermaken*, Paranus Verlag, 2. Auflage 2010). Sie leitet den Nationalen Stützpunkt Kwartiermaken und arbeitet außerdem an der Universiteit voor Humanistiek in Utrecht.

Ernst von Kardorff, Prof. Dr., Jg. 1950, seit 1995 Leiter der Abteilung Soziologie der Rehabilitation, Berufliche Rehabilitation und Rehabilitationsrecht am Institut für Rehabilitationswissenschaften der Humboldt-Universität zu Berlin; Arbeitsschwerpunkte: Sozialpsychiatrie (v.a. Stigmatisierung, Psychiatriereform, berufliche Wiedereingliederung), Leben mit chronischer Krankheit, soziale Netzwerke, Selbsthilfe, Qualitative Sozialforschung. Nach der Wende Koordination der Landespsychiatrieplanung im Freistaat Sachsen.

Andreas Lob-Hüdepohl, Prof. Dr. theol., Jg. 1961, Studium der Katholischen Theologie, Philosophie und Erziehungswissenschaft in Bonn, Stipendiat der Studienstiftung des Deutschen Volkes (Promotionsförderung), 1992 Promotion zum Dr. theol., 1991-1996 Wissenschaftlicher Mitarbeiter am Seminar für Kath. Theologie der FU, seit 1996 Professor für Theologische Ethik an der Katholischen Fachhochschule Berlin, Fachhochschule für Sozialwesen, seit dem 1. Oktober 2009 Interimspräsident an der Katholischen Universität Eichstätt-Ingolstadt. Mitglied des Zentralkomitees der deutschen Katholiken (ZdK), Vorsitzender der Arbeitsgruppe »Patientenverfügungen« des ZdK. Arbeitsschwerpunkte: Ethik Sozialer Arbeit als Menschenrechtsprofession, Heilpädagogische Ethik, Ethik des Sozialstaats, Theologische Ethik. Zahlreiche Veröffentlichungen.

Sandra Landhäußer, Dr. phil., Erziehungswissenschaftlerin, arbeitet als wissenschaftliche Angestellte in der Abteilung Sozialpädagogik am Institut für Erziehungswissenschaft der Universität Tübingen. Arbeitsschwerpunkte: Sozialraumforschung und soziales Kapital, Eltern- und Familienbildung, Kinder- und Jugendhilfe

Klaus v. Lüpke, Jg. 1941, Theologe und Sozialpädagoge, erste Praxiserfahrungen als Werkstudent in den »Alsterdofer Anstalten«, Hamburg, danach mehrere Jahre als Referent bei der Bundesvereinigung der Lebenshilfe Marburg. Ab 1977 29 Jahre lang bis zum Beginn seines Ruhestandes Leiter des Behindertenreferats der Ev. Kirche in Essen. In der Entwicklung dieser Arbeit war er u.a. der Initiator der »sozialen erfindungen«: Familienunterstützungs- und Integrationshelfer-Dienste (FID, seit 1978) und Bürgerjahr (Soziales Praxisjahr mit Bürgereinkommen, seit 1996). Heute im Ruhestand engagiert er sich schwerpunktmäßig für die Wohngemeinschaften der »Arche-Initiative Essen« (e.V.). Zahlreiche Veröffentlichungen.

Sibylle Prins, Jg. 1959, ursprünglich Sonderschullehrerin, später lange als Verwaltungsangestellte tätig, heute berentet. Seit 1991 aktiv in der Selbsthilfe Psychiatrie-Erfahrener (vor allem im Verein Psychiatrie-Erfahrener Bielefeld: www-vpe-bielefeld.de), seit ca. 2000 auch Referentin bei Tagungen und Fortbildungen, Tätigkeit als Autorin, diverse (Buch-) Veröffentlichungen, zuletzt (zusammen mit Renate Schernus und Fritz Bremer): *Wir sind weit miteinander gegangen – Eine Psychiatrie-Erfahrene und eine Psychotherapeutin im Gespräch*, Paranus Verlag, 2009, und *Tagtraumzeit – Nachdenkzeit – Lächelzeit*, Paranus Verlag, 2010

Renate Schernus (für die »Soltauer Initiative«), Jg. 1942, Psychologische Psychotherapeutin, Beschäftigung in den von Bodelschwinghschen Anstalten Bethel von 1970-2000. 1982-1985 dort Leitende Psychologin. 1985-1996 Leiterin einer Klinik für mittelfristige psychiatrische Behandlung (Klinik Pniel). April 1996-September 2000 Leiterin des Fachbereichs Psychiatrie der Teilanstalt

Bethel. Langjähriges Mitglied der Deutschen Gesellschaft für Soziale Psychiatrie, dort zeitweilig im erweiterten Vorstand. Zahlreiche Veröffentlichungen.

Jürgen Schiedeck, Jg. 1953, Dipl.-Päd., Dr. sc. paed. Nach Tätigkeit in unterschiedlichen (sozial)pädagogischen Arbeitsbereichen jetzt Lehrer an der Fachschule für Sozialpädagogik. Buch- und Zeitschriftenveröffentlichungen.

Martin Stahlmann, StD Dr. phil., Dipl.-Päd., Jg. 1959, Studium Erziehungswissenschaften/Schwerpunkt Sozialpädagogik in Hildesheim/Kiel (Dipl.-Päd.), mehrjährige berufliche Praxis in der Jugendhilfe/Heimerziehung, Tätigkeit an der PH Kiel und Universität Fribourg/Schweiz als wissenschaftlicher Angestellter/Promotion (Dr. phil.), Studienrat an den Fachschulen für Sozialpädagogik/Heilpädagogik in Neumünster, Abgeordnete Lehrkraft am Heilpädagogischen Institut der Christian-Albrechts-Universität zu Kiel. Seit 2003 Leiter der Abteilung Heil- und Sonderpädagogik der Elly-Heuss-Knapp-Schule Neumünster. Zahlreiche Publikationen, Redaktionsmitglied der Zeitschrift »Kinderschutz aktuell« des Deutschen Kinderschutzbundes.

Ingmar Steinhart, Prof. Dr., Direktor des Institutes für Sozialpsychiatrie Mecklenburg-Vorpommern An-Institut der Ernst-Moritz-Arndt-Universität Greifswald; Wissenschaftlicher Leiter der Modellprojekte des Landesverbandes Sozialpsychiatrie Mecklenburg-Vorpommern e.V.; Externer Experte der Beratungsstelle für Inklusionsprojekte des Paritätischen Schleswig-Holstein; Geschäftsführer in den Stiftungsbereichen Bethel Vor Ort und Bethel im Norden der v. Bodelschwinghschen Stiftungen Bethel; Stiftungsvorstand Pinel-Stiftung Berlin; Mitglied im Vorstand der Aktion Psychisch Kranke e.V.

Georg Theunissen, Prof. Dr., Jg. 1951, Diplom-Pädagoge, Heil- und Sonderpädagoge; war ca. acht Jahre leitend tätig in großen Behinderteneinrichtungen; ist seit 1989 Hochschullehrer, derzeit

Ordinarius für Geistigbehindertenpädagogik am Institut für Reha-
bilitationspädagogik, Philosophische Fakultät III – Erziehungswis-
senschaften, Martin-Luther-Universität Halle-Wittenberg; Lehr-
und Forschungsgebiete: Empowerment und Heilpädagogik, Ver-
haltensauffälligkeiten/psychische Störungen, Enthospitalisierung,
Erwachsenen- und Altenarbeit, Kunst und ästhetische Erziehung
bei Menschen mit Lernschwierigkeiten; über 400 Veröffentlichungen in Fachzeitschriften und Fachbüchern; über 40 Buchpublika-
tionen im Bereich der Heilpädagogik und Behindertenarbeit.

Holger Wittig-Koppe, geb. 1947 in Kiel. Studium der Soziologie
und Politologie in Frankfurt/Main und Kiel. Referent im Paritätischen Schleswig-Holstein für die Bereiche Bürgerschaftliches
Engagement, Selbsthilfe und Inklusion. Veröffentlichungen zur
Arbeitsmarktpolitik und zum bürgerschaftlichen Engagement.

Michael Wunder, Jg. 1952, Dr. phil., Dipl.-Psychologe und
psychologischer Psychotherapeut, Leiter des Beratungszentrums
der Evangelischen Stiftung Alsterdorf in Hamburg, einer Einrichtung für Menschen mit geistiger Behinderung; Leiter eines Ent-
wicklungshilfe-Projektes der Behindertenhilfe und Psychiatrie in
Rumänien; Autor zahlreicher Beiträge zur Medizin im National-
sozialismus, Behindertenhilfe, Biomedizin und Bioethik, Mitglied
der Enquete-Kommission »Ethik und Recht der modernen Medizin« in der 14. und 15. Legislaturperiode im Deutschen Bundestag, Mitglied des Deutschen Ethikrates.

Christian Zechert, Jg. 1949, Diplom-Soziologe, 2006 – 2008
Geschäftsführer des Dachverbandes Gemeindepsychiatrie. Arbei-
tet jetzt in einer Fachklinik für Menschen mit Epilepsie in Bethel.
Kontakt: zechert@versanet.de

Klaus Dörner

Leben und sterben, wo ich hingehöre

Dritter Sozialraum
und neues Hilfesystem

5. Auflage 2010
Edition Jakob van Hoddis

»Will you still need me
Will you still feed me
When I'm sixty-four«   *Beatles, 1966*

Wenn die Beatles diesen Song heute, also vierzig Jahre später, gesungen hätten, würden sie wohl sicher eighty-four als Alter gewählt haben, also das heutige durchschnittliche Heimaufnahmealter. Diese Erinnerung daran, wie rasant wir in den letzten Jahrzehnten gesellschaftlich gealtert sind, offenbart zugleich auch schon die Absicht meines Buches; denn die Beatles-Frage ist aktuell geblieben: Wird es für mich, wenn ich alt bin, einen Anderen geben, der mich einerseits braucht und der mich andererseits füttert?

Diese Situation möchte ich mit allen alten und jungen Bürgern diskutieren, auch mit den professionellen im Gesundheits- und Sozialsystem. Jedoch nicht so sehr – wie üblich – aus der Perspektive der Profis, sondern mehr aus der Perspektive der Bürger, sowohl der hilfebedürftigen als auch der helfenden Bürger, also weniger betriebswirtschaftlich, sondern mehr volkswirtschaftlich – eben vom gesamtgesellschaftlichen Hilfebedarf her.

Aus der »Gebrauchsanweisung« des Buches

224 Seiten · ISBN 978-3-926200-91-4 · 19,00 €
Postfach 1264 · 24502 Neumünster · Telefon (0 43 21) 20 04-500 · Fax 20 04-411
verlag@paranus.de · **www.paranus.de**

Renate Schernus/
Fritz Bremer

Tyrannei
des Gelingens

Plädoyer gegen markt-
konformes Einheitsdenken
in sozialen Arbeitsfeldern

2. Auflage 2008

Die »Soltauer Impulse zu Sozialpolitik und Ethik« haben seit 2004 einige
Aufmerksamkeit erfahren. Sie stellen Fragen zum Zusammenhang von Ethik,
Fachlichkeit und zunehmender Ökonomisierung aller Lebensfelder, insbeson-
dere auch der Arbeit im Sozial- und Gesundheitswesen.
Renate Schernus und Fritz Bremer haben diese Impulse mitinitiiert. Ihre in die-
sem Buch dokumentierten Analysen fordern: Das Soziale darf nicht vorrangig
als Belastungsfaktor für die Wirtschaft verstanden werden, sondern bleibt ein
bedeutsamer Wert für die Kultur einer Gesellschaft. Dabei setzen sie drei
Schwerpunkte:
• Raum und Zeit für Menschen – Sozialzeit statt Bürozeit
• Einseitige Menschenbilder – irreführendes Denken – fragwürdiges Handeln
• Soziale Kultur statt Marktkonformität – Not macht erfinderisch, aber nicht
  alles mit

Dieses Buch will dazu beitragen, dass die derzeit verschobenen Prioritäten
nicht als unausweichlich angesehen werden. Es zeigt, dass und wie die ver-
schleierten Wirkkräfte einer »Tyrannei des Gelingens« die Gesellschaft in
Gewinner und Verlierer spalten und dass dies nicht widerspruchslos hinge-
nommen werden sollte.

196 Seiten · ISBN 978-3-926200-92-1 · 16,80 €
Postfach 1264 · 24502 Neumünster · Telefon (0 43 21) 20 04-500 · Fax 20 04-411
verlag@paranus.de · **www.paranus.de**

Doortje Kal

Gastfreundschaft

Das niederländische
Konzept Kwartiermaken

Übersetzt von Rita Schlusemann
Mit einem Vorwort von Robin Boerma

Paranus *goes Wissenschaft*
2. Auflage 2010

»Weißt du, was schlimm ist?! Das ständig zurückkehrende Gefühl der Hoffnung, doch endlich dazuzugehören.«

Das Konzept *Kwartiermaken* ist eine Antwort auf die Enttäuschung dieser Hoffnung, eine Antwort auf die gesellschaftliche Ausgrenzung von psychisch kranken Menschen, die noch mehr als andere das Bedürfnis haben, verstanden zu werden.

Wörtlich bedeutet *Kwartiermaken*, einen Aufenthaltsort für eine Gruppe Neuankömmlinge vorzubereiten. *Kwartiermaken* meint also die Förderung eines gesellschaftlichen Klimas, in dem (mehr) Möglichkeiten entstehen für Menschen mit Psychiatrieerfahrung und viele andere, die mit denselben Mechanismen der Ausgrenzung kämpfen.

Dazu sagt die Autorin Doortje Kal, die das Projekt *Kwartiermaken* in den Niederlanden maßgeblich mit aufgebaut hat, in diesem Buch:

»Ich möchte untersuchen, was gesellschaftlich notwendig ist, um soziale Integration zu ermöglichen, die nicht auf Assimilation hinausläuft, bei der das Anderssein ausgelöscht wird.

Kwartiermaken ist im Wesen das Organisieren von Gastfreundschaft, also ein Willkommenheißen, ohne Fragen zu stellen.«

216 Seiten · ISBN 978-3-926200-67-9 · 19,- €
Postfach 1264, 24502 Neumünster · Telefon (0 43 21) 20 04-5 00 · Fax 20 04-4 11
verlag@paranus.de · **www.paranus.de**